राष्ट्र गौरव

डॉ. एपीजे अब्दुल कलाम

महेश शर्मा

डायमंड बुक्स

www.diamondbook.in

प्रकाशक : डायमंड पॉकेट बुक्स (प्रा.) लि.
X-30, ओखला इंडस्ट्रियल एरिया, फेज-II
नई दिल्ली-110020
फोन : 011-40712200
ई-मेल : sales@dpb.in
वेबसाइट : www.diamondbook.in

RASHTRA GAURAV : DR. APJ ABDUL KALAM
BY : MAHESH SHARMA

प्रकाशकीय

आसमान की ऊंचाइयों को छूने के लिए हवाई जहाज और अन्य साधनों से भी कहीं जरूरी चीज है हौसला। यह हौसला हमारी सोच को वह उड़ान देता है, जिसका शिखर कामयाबी की चोटी पर है। इस चोटी तक पहुंचने की आपने यूं तो हजारों कहानियां पढ़ी होंगी, लेकिन 'मिसाइल मैन' के नाम से मशहूर भारत के पूर्व राष्ट्रपति डॉ. एपीजे अब्दुल कलाम की जीवनगाथा अपने आप में अद्वितीय है।

शुरुआती दौर में अपने व्यक्तिगत जीवन में संघर्ष से जूझने वाले डॉ. कलाम की डिक्शनरी में 'असंभव' जैसा शब्द कभी नहीं रहा। उन्हें अपने परिवार को हमेशा छोटी-बड़ी मुश्किलों से जूझते देखकर बचपन में ही अपनी जिम्मेदारियों का अहसास हो गया था।

एक गरीब परिवार से होने के बावजूद अपनी मेहनत और समर्पण के बल पर बड़े-से-बड़े सपनों को साकार करने का एक जीता-जागता प्रमाण है डॉ. अब्दुल कलाम। वे अपनी उन्नत प्रतिभा के कारण सभी धर्म, जाति एवं सम्प्रदायों की नजर में महान आदर्श के रूप में स्वीकार्य रहे हैं। भारत की वर्तमान पीढ़ी ही नहीं, अपितु आने वाली अनेक पीढ़ियां उनके व्यक्तित्व से प्रेरणा लेती रहेंगी। उनकी कर्मठता व ईमानदारी युवाओं के लिए एक मिसाल है। उनके प्रयासों का नतीजा है कि आज हमारा रक्षा विभाग मजबूती से खड़ा है।

एक रक्षा वैज्ञानिक के तौर पर उनकी उपलब्धियों और प्रसिद्धि के मद्देनजर एनडीए की गठबंधन सरकार ने उन्हें वर्ष 2002 में राष्ट्रपति पद का उम्मीदवार बनाया। उन्होंने 25 जुलाई, 2002 को भारत के 11वें राष्ट्रपति के रूप में शपथ ली। डॉ. कलाम देश के ऐसे तीसरे राष्ट्रपति थे, जिन्हें राष्ट्रपति बनने से पहले ही 'भारत रत्न' से नवाजा जा चुका था। इससे पूर्व उन्हें पद्मश्री एवं पद्मविभूषण सरीखे राष्ट्रीय सम्मान से सम्मानित किया जा चुका था। उनके कार्यकाल के दौरान उन्हें 'जनता का राष्ट्रपति' कहा गया। सबसे बड़ी बात

थी कि उन्होंने राष्ट्रपति जैसे 'लार्जर दैन लाइफ' को अपने व्यक्तित्व पर कभी हावी नहीं होने दिया।

राष्ट्रपति पद से सेवामुक्त होने के बाद डॉ. कलाम शिक्षण, लेखन, मार्गदर्शन और शोध जैसे कार्यों में व्यस्त रहे और भारतीय प्रबंधन संस्थान की शाखाओं (शिलांग, अहमदाबाद, इंदौर) से विजिटिंग प्रोफेसर के तौर पर जुड़े रहे। इसके अलावा वे भारतीय विज्ञान संस्थान बैंगलोर के फेलो, इंडियन इंस्टीट्यूट ऑफ स्पेस साइंस एवं टेक्नोलॉजी, तिरुवनंतपुरम के चांसलर तथा अन्ना यूनिवर्सिटी, चेन्नई में एयरोस्पेस इंजीनियरिंग के प्रोफेसर भी रहे।

27 जुलाई, 2015 का दिन हम सबके लिए एक दुखद संदेश लेकर आया। वह महान व्यक्तित्व, जिनके जीवन से हमें प्रेरणा और कुछ कर गुजरने की सीख मिली, वह राष्ट्र गौरव डॉ. ए.पी.जे. अब्दुल कलाम हमें हमेशा-हमेशा के लिए छोड़कर चले गए। उनका आदर्शमय जीवन, हम सभी के लिए हमेशा से प्रेरणास्पद रहा है। उनकी बातें नई दिशा दिखाने वाली हैं। उन्होंने करोड़ों आंखों को बड़े सपने देखना सिखाया। वे कहते थे-'इससे पहले कि सपने सच हों, आपको सपने देखने होंगे।'

इस पुस्तक में डॉ. कलाम के जीवन वृतांत पर एक नजर डाली गई है। यह पुस्तक राष्ट्र गौरव अब्दुल कलाम को एक श्रद्धांजलि है। हमारी, उस महान शख्स के प्रति, जिनके जीवन के आदर्शों ने हमें नई प्रेरणा दी, हमें नया मार्गदर्शन दिखाया। जिनकी सादगी और सरलता सीधे दिल में उतर जाती थी। ऐसी महान आत्मा को हमारा नमन...। आज भले ही वे हमारे बीच नहीं हैं, लेकिन उनके विचार, उनका दर्शन और उनकी जीवन शैली सदा ही हमारे लिए प्रेरणास्रोत बनकर रहेगी और हमें प्रेरित करती रहेगी।

-नरेन्द्र कुमार वर्मा

nk@dpb.in

विषय सूची

1. अद्भुत व्यक्तित्व

कहते हैं, इतिहास में वही नाम सुनहरे अक्षरों में लिखे जाते हैं, जो अपने पुरुषार्थ से समय की शिला पर अपनी सफलताओं की कहानियां लिखते हैं। इन्हीं सफलताओं के पथ पर एक नाम भारत के पूर्व राष्ट्रपति महामहिम डॉ. ए.पी.जे. अब्दुल कलाम का अंकित है। यह पुस्तक न तो पारंपरिक अर्थों में जीवनी है, न ही आलोचनात्मक विश्लेषण। यह डॉ. कलाम के व्यक्तित्व तथा जीवन के अप्रकट पहलुओं पर प्रकाश डालती है और हमें उनके व्यक्तित्व के बारे में एक गहरी समझ विकसित करने में मदद करती है। डॉ. कलाम का बहुपक्षीय व्यक्तित्व, जो विज्ञान, प्रौद्योगिकी तथा राष्ट्र के विकास में दिखता है। इसके अलावा संगीत, साहित्य एवं पर्यावरण में भी रुचि रखते थे। उनके व्यक्तित्व की प्रेरणादायी विशेषता उनकी मानवीय संवेदना है। उदारता और निःस्वार्थ सेवा की भावना उनमें कूट-कूट कर भरी हुई थी। कर्मनिष्ठा, आत्मनिर्भरता, स्वावलंबिता तथा सहृदयता-ये सभी गुण डॉ. अब्दुल कलाम के अद्भुत व्यक्तित्व के आधार स्तंभ हैं। भारतीय समाज को गहराई से जानने वाले डॉ. कलाम अनुकंपा, तटस्थ भाव, धैर्य और सहानुभूति से समस्याओं का समाधान ढूंढने की कोशिश करते थे। अपनी योग्यताओं द्वारा भारत को विश्व की एक महाशक्ति के रूप में उभारने वाले डॉ. अब्दुल कलाम भारतीय अध्यात्म तथा दर्शन से भी अत्यंत प्रभावित थे।

जीवन परिचय

डॉ. अब्दुल कलाम की जीवनयात्रा परी कथाओं की कल्पनाओं तथा सुखद अनुभूतियों के सदृश न होकर कर्म पथ के कठोर अनुभवों पर आधारित है। तमिल संस्कृति तथा तमिल भाषा में पले-बढ़े कलाम बचपन से ही बच्चों की भीड़ में अलग-थलग दिखते थे। उनकी माता आशियम्मा मिलनसार स्वभाव की महिला थीं, उनका यही व्यवहार डॉ. कलाम को विरासत में मिला। पिता भौतिक

सुखों में विश्वास नहीं रखते थे, अतः डॉ. अब्दुल कलाम ने भी ऐशो-आराम की जीवन-शैली पर कभी ध्यान नहीं दिया। नन्हें कलाम अपने घर से कुछ दूरी पर प्रतिष्ठित शिवमंदिर में प्रतिदिन जाया करते थे। इसके साथ ही उनके पिता पुरानी मस्जिद में उन्हें प्रतिदिन नमाज पढ़ने के लिए ले जाते थे। इस प्रकार कलाम के मन में बाल्यावस्था से ही दोनों धर्मों के प्रति आस्था पैदा हो गई थी।

वे इतने स्वावलंबी थे कि किशोरावस्था में किसी से भी आर्थिक सहायता लेने की अपेक्षा कड़ी मेहनत करना पसंद किया। उन्होंने अखबार बेचना अधिक श्रेष्ठ समझा। बचपन से ही डॉ. कलाम अत्यंत बुद्धिमान तथा मेधावी थे। बचपन से ही आगे बढ़ने और ऊंचे शिखर को छूने की असीम अभिलाषा संजोए अब्दुल कलाम जब आकाश में उड़ते हवाई जहाज को देखते थे, तो उनके मन में भी अनंत आकाश को छू लेने की इच्छा होती। जीवन में अनेक सफलताओं-असफलताओं से दो-चार होते हुए उन्हें पायलट की चयन परीक्षा में भी असफलता का मुख देखना पड़ा, किन्तु अब्दुल कलाम एक जीवट व्यक्तित्व के स्वामी थे। हतोत्साहित होकर एक ओर बैठ जाने की अपेक्षा उन्होंने स्वयं को विज्ञान के क्षेत्र में समर्पित कर दिया और निरंतर नवीन प्रयोगों एवं अनुसंधानों में जुटे रहे।

कहा गया है कि असफलता ही सफलता का मार्ग प्रशस्त करती है। मिसाइल के क्षेत्र में भारत को अग्रणी कर डॉ. कलाम ने उपर्युक्त कथन को सत्य कर दिखाया। विश्व-भर के प्रतिष्ठित वैज्ञानिकों में सम्मिलित डॉ. कलाम ने 'पृथ्वी', 'आकाश', 'त्रिशूल', 'नाग' एवं 'अग्नि' आदि शक्तिशाली मिसाइलें बनाकर जहां एक ओर स्वयं की विलक्षण बौद्धिक क्षमता का परिचय दिया, वहीं दूसरी ओर सम्पूर्ण विश्व में भारत को एक अलग पहचान देकर उसे गौरवान्वित किया।

किसी ने शायद ही कभी यह कल्पना की होगी कि विश्व प्रसिद्ध परमाणु वैज्ञानिक डॉ. अब्दुल कलाम एकमत से विश्व के सबसे विशाल लोकतांत्रिक देश, भारत के राष्ट्रपति मनोनीत होंगे, लेकिन एक निर्धन परिवार में पले-बढ़े कलाम कर्मपथ पर निष्ठापूर्वक चलते हुए अपनी लगन, परिश्रम तथा दृढ़ शक्ति के बल पर न केवल विश्व प्रसिद्ध वैज्ञानिक बने, बल्कि नित्य नई ऊंचाइयों को छूते हुए देश के राष्ट्रपति पद पर आसीन हुए।

किसी व्यक्ति का चरित्र उसके नैतिक मूल्यों, विश्वास और व्यक्तित्व से मिलकर बनता है। व्यक्ति के चरित्र से ही उसके व्यवहार और कार्यों का निरूपण होता है, अतः चरित्र को ऐसी अमूल्य निधि कहा गया है, जिसे विश्व की सम्पूर्ण धन-सम्पदा देकर भी क्रय नहीं किया जा सकता।

डॉ. कलाम का चरित्र भी इन सभी गुणों से युक्त है। वस्तुतः उनका चरित्र

नैतिक एवं मानवीय मूल्यों, विश्वास, सद्भावना, दृढ़ इच्छाशक्ति तथा परिश्रम का ऐसा अद्भुत संगम था, जिसकी मिसाल मिलना असंभव नहीं तो कठिन अवश्य है। अपनी क्षमता तथा उपलब्धियों को ईश्वर की देन मानते हुए उन्होंने उन्हें भारतवासियों के कल्याण के लिए समर्पित कर दिया था।

डॉ. अब्दुल कलाम एक विशुद्ध भारतीय और कट्टर देशभक्त थे। यही कारण है कि उन्हें देश का प्रथम भारतीय नागरिक बनने का गौरव प्राप्त हुआ। यद्यपि धर्म से वे मुसलमान थे, किन्तु कुरान शरीफ के साथ-साथ भगवद्गीता से भी उन्हें विशेष लगाव था। वे शाकाहारी थे, क्योंकि उन्हें किसी भी जीव की हत्या पसंद नहीं थी। ईश्वर में उनकी परम आस्था थी। उनका मानना था कि सभी धर्मों में जिस ईश्वर की महिमा प्रस्तुत की गई है, वह वास्तव में एक ही परमात्मा के विभिन्न स्वरूप हैं।

वस्तुतः डॉ. कलाम का जीवन एक आध्यात्मिक सोच वाले समर्पित भारतीय वैज्ञानिक के जीवन-संघर्ष की अत्यंत रोचक गाथा है। उनकी जीवनयात्रा का एक-एक पृष्ठ, उनके दृढ़ संकल्प और समदर्शन की कथा है। डॉ. कलाम अपने उच्च पद का विचार किए बिना न केवल युवाओं से, बल्कि छोटे-छोटे स्कूली बच्चों से भी जिस प्रेम और उत्साह के साथ मिलते थे, वह अद्भुत होता था। यदि यह कहें कि वे बच्चों में भारत की वास्तविक तस्वीर तलाशते थे, तो इसमें कोई अतिशयोक्ति नहीं होगी। वे कहते थे-'बच्चे समाज और राष्ट्र का भविष्य होते हैं। बच्चे जितने शिक्षित, संस्कारी व चरित्रवान होते हैं, समाज और राष्ट्र का भी उतना ही चारित्रिक विकास होता है। बच्चों की जिज्ञासाएं अद्भुत व अनुपम होती हैं और उनकी सोच को व्यापकता प्रदान करती हैं। उनकी जिज्ञासाओं का समाधान जीवन-पथ पर आगे बढ़ने हेतु उन्हें संबल प्रदान करता है।'

2. पिता की छांव में

डॉ. अब्दुल कलाम एक ऐसी शख्सियत का नाम है, जिनकी आंतरिक संपत्ति के आगे बाहरी उपलब्धियां गौण हैं। ए.पी.जे. अब्दुल कलाम को जानने-समझने के लिए तर्कों की नहीं, बल्कि तथ्यों की आवश्यकता है। और ये तथ्य हैं-उनके जीवन की संघर्षपूर्ण यादें। उन्हें अपने पिता से विरासत के रूप में ईमानदारी और आत्मानुशासन मिला तथा मां से ईश्वर में विश्वास और करुणा का भाव। उनके माता-पिता को समाज में एक आदर्श दंपती के रूप में सम्मान दिया जाता था।

15 अक्टूबर, 1931 को धनुषकोडी गांव (रामेश्वरम, तमिलनाडु) में एक मध्यमवर्गीय मुस्लिम तमिल परिवार में इनका जन्म हुआ। उस समय रामेश्वरम ब्रिटिश भारत में मद्रास (चेन्नई) राज्य का एक भाग था। भारत के दक्षिणी तट पर स्थित होने के कारण यहां जल्दी सुबह हो जाती है और नगरवासियों का दिन सूर्योदय, सूर्यास्त, समुद्र की लहरों व उसकी मधुर आवाजों के साथ आगे बढ़ता है। 1940 तक रामेश्वरम, ज्यादातर व्यापारियों तथा छोटे उद्योगों का एक लुप्तप्राय छोटा सा शहर था, जो अपने प्रतिष्ठित शिव मंदिर के कारण तीर्थयात्रियों के आने के बाद प्रसिद्ध हुआ। यहां के निवासी शांतिपूर्वक जीवन बिता रहे थे।

कलाम अपने 10 भाई-बहनों में सबसे छोटे थे, लंबे-चौड़े व सुंदर माता-पिता का छोटी कद-काठी का साधारण-सा दिखनेवाला बच्चा। पिता जैनुलाब्द्दीन न तो बहुत उच्च शिक्षित थे और न ही धनी, लेकिन वे बुद्धिमान और एक उदार मन वाले व्यक्ति थे। वे सीधे-सरल स्वभाव के आडंबरहीन व्यक्ति थे और सभी अनावश्यक एवं ऐशो-आराम वाली चीजों से दूर रहते थे। लेकिन घर में सभी आवश्यक चीजें समुचित मात्रा में सुलभता से उपलब्ध थी। इस प्रकार कलाम का बचपन भौतिक और भावनात्मक रूप से भी अत्यंत सुरक्षित था।

वे लोग 19वीं सदी के मध्य में निर्मित, चूना-पत्थर और ईटों से बने अपने पुश्तैनी घर में रहते थे। उनका एक संयुक्त परिवार था, जिसमें उनके माता-पिता, पत्नी और 10 बच्चे, भाई, उनकी पत्नी और उनके बच्चे साथ रहते थे। यह मकान काफी बड़ा था और रामेश्वरम में मस्जिद वाली गली में स्थित था। चूंकि

वह मुहल्ला मुस्लिम बहुल था और इसका मस्जिद वाली गली नाम, यहां की एक बहुत पुरानी मस्जिद पर रखा गया था। रामेश्वरम का प्रसिद्ध शिव मंदिर उनके घर से लगभग 10 मिनट की पैदल दूरी पर था। मुहल्ले में दोनों धर्मों के पूजा-स्थल आस-पास होने के कारण हिन्दू-मुस्लिम समुदाय के लोग बहुत आत्मीयता के साथ मिलजुलकर रहते थे। वहां जाति-पांति तथा धर्म-मजहब का भेदभाव न होने के कारण हिन्दू-मुसलमानों में एकजुटता थी। शायद यही वह प्रमुख कारण है कि मुस्लिम धर्म के साथ-साथ हिन्दू धर्म के अध्यात्म और दर्शन ने भी अब्दुल कलाम के हृदय पर अमिट छाप छोड़ी। उनके व्यक्तित्व से भी यह प्रभाव प्रत्यक्ष दृष्टिगोचर होता था।

रामेश्वरम द्वीप पर जीवन बिताना एक मनोरम स्वप्न की तरह था, जहां समुद्र वहां के वासियों की ज़िंदगी का एक महत्त्वपूर्ण हिस्सा था। वहां रहने वाले सभी लोगों का किसी-न-किसी रूप में समुद्र के साथ एक रिश्ता बना हुआ था, चाहे वह मछुआरों के रूप में हो या फिर नाव के मालिक के तौर पर। जैनुलाब्द्दीन का नाव बनाने का व्यवसाय था और वे नाव बनाकर मछुआरों को किराये पर देते थे। इसके अलावा वे रामेश्वरम मस्जिद में इमाम भी थे। परिवार की जरूरतें पूरी करने के लिए वे नाविक का भी काम करते थे। इसी कारण अब्दुल कलाम को नाव की सैर करना बचपन से ही बहुत पसंद रहा था। उच्छल जल तरंगों को काटकर नाव का अपने लक्ष्य तक पहुंचना उन्हें सदैव अच्छा लगता था।

जैनुलाब्द्दीन अपनी 'फेरी' से रामेश्वरम तथा धनुषकोडि के बीच यात्रियों को लेकर जाते थे, जो लगभग 22 किलोमीटर का लंबा रास्ता है। उस समय 'फेरी' यात्रा सुविधाजनक साधन था। इससे आसानी से इस द्वीप पर पहुंचा जा सकता था। जब फेरी का व्यवसाय अच्छा चलने लगा तो जैनुलाब्द्दीन ने फेरी चलाने के लिए कुछ लोगों को नियुक्त किया, जो नाव में बिठाकर यात्रियों को उस पार ले जाने तथा इस पार ले आने का कार्य करते थे। उनकी 'फेरी' की सेवा मंदिर के साथ भी जुड़ी हुई थी। नन्हें कलाम भी कभी-कभी फेरी में चालक दल के साथ बैठकर लोगों के साथ घूमने निकल जाते थे। यात्रा पर निकले लोग अपने अनुभव बांटते थे, जिसे नन्हें कलाम बड़े ध्यान से सुना करते थे।

आर्थिक स्थिति सही न होने के कारण जैनुलाब्द्दीन के साथ भी जीवन की कई परेशनियां थी तथा जीना आसान नहीं था। उस छोटे से शहर में, जो कि मुख्य शहर से पूरी तरह से कटा हुआ था, वे अपनी जरूरतों को मुश्किल से पूरा कर रहे थे। बावजूद इसके, वे अपने पास मदद के लिए आने वाले किसी भी इंसान को मना नहीं करते थे।

जैनुलाब्द्दीन की दिनचर्या सुबह 4 बजे से पहले ही आरंभ हो जाती थी। वे घर में सबसे पहले उठते थे और सूर्योदय से पहले ही नमाज पढ़ लेते थे। वे एक श्रद्धालु व्यक्ति थे और उनकी आस्था पूर्णतः कुरान में थी। फिर वे घर से 4 मिलोमीटर दूर स्थित अपने नारियल के बगीचों की देखरेख करने के लिए सुबह की लंबी सैर पर निकल जाते थे। शाम को वे नन्हें कलाम को अपने साथ शाम की नमाज के लिए मस्जिद ले जाते थे। यद्यपि प्रतिदिन मस्जिद में पिता के साथ अरबी भाषा में नमाज पढ़ने वाला अब्दुल नमाज के अर्थ से पूर्णतः अनभिज्ञ था, तथापि उसे पूर्ण विश्वास था कि उसके मन के विचार, भाव और प्रार्थनाएं ईश्वर तक अवश्य पहुंचेंगी और इसी निष्ठा ने उनके विश्वास की कसौटी को और अधिक दृढ़ किया।

कलाम ने अपनी जीवनगाथा में एक जगह लिखा है– 'नमाज के बाद जब पिताजी मस्जिद के बाहर आते तो विभिन्न धर्मों के लोग कटोरों में जल लिए उनकी ओर बढ़ते थे। मेरे पिताजी उस जल में अपनी उंगलियां डालते और फिर कुछ मंत्र पढ़ते और फिर कहते कि ले जाओ इसे मरीज को अलाह का नाम लेकर पिला दो, वो ठीक हो जायेगा। लोग वैसा ही करते तथा मरीज के स्वस्थ होने पर घर आकर पिताजी का शुक्रिया अदा करते और कहते कि खुदा की रहमत हो गई मरीज ठीक हो गया। उस समय मैं इतना छोटा था कि इन सब बातों का अर्थ समझ नहीं पाता था। किन्तु इतना जरूर लगता था कि जो भी हो रहा है, किसी अच्छे उद्देश्य के लिए हो रहा है। जब मैं अपने पिताजी से प्रश्न करता था, तो वे बड़े सहज और सरल भाव से मेरे हर प्रश्न का जवाब देते थे।'

कलाम अपने पिता के दर्शन से बेहद प्रभावित थे। उनके पिता पूरी तरह से आत्मिक ज्ञान से भरपूर थे और उन्हें धार्मिक ग्रंथों का काफी ज्ञान था। वे कलाम को हमेशा कहते थे–'हम सबके जीवन में दिव्य शक्ति विद्यमान होती है, जो हमें नकारात्मक क्षणों में तथा दुःख के पलों से उबरने की शक्ति देती है। अगर हम अपने मस्तिष्क को जाग्रत कर लें और उस शक्ति को उजागर कर लें, तो हमें सफलता का मार्ग मिल सकता है और हम उच्च्व स्थान प्राप्त कर सकते हैं। हमें अपनी सीमाओं से बाहर आकर अपने दिमाग में बसी उस शक्ति को उभारना है। इससे हमें खुशी व शांति प्राप्त हो सकती है।'

कलाम कहते थे कि जीवन की कठिन परिस्थितियों में और असफलता के क्षणों में, मुझे जीवन में अपने पिता से मिली सलाह मेरे अंदर ऊर्जा भर देती है। यह वह शक्ति बनकर आती है, जिससे मेरी हिम्मत बढ़ जाती है।

कलाम की गणित में अधिक रुचि थी, इसलिए उनके पिता ने गणित के अध्यापक के पास उनके ट्यूशन पर जाने का इंतजाम कर दिया था। द्वितीय

विश्वयुद्ध के बाद जब अब्दुल कलाम के पिता उन्हें हाई स्कूल की पढ़ाई के लिए रामानाथपुरम् भेज रहे थे, तब उन्होंने बहुत भावविभोर होकर अपना आशीर्वाद दिया था कि-'अब्दुल! दूर जाना बड़े होने का ही एक हिस्सा है। यदि तुम्हें वास्तव में आगे बढ़ना है, तो यहां से जाना ही पड़ेगा। हमारा प्यार तुम्हें बांधेगा नहीं और न ही हमारी जरूरतें तुम्हें रोकेंगी।।' उन्होंने कलाम की माता की मनोस्थिति को भांपते हुए उन्हें ढांढस बंधाया और ईश्वर का वास्ता देते हुए कहा था- 'तुम्हारे बच्चे तुम्हारे नहीं हैं, बल्कि खुदा के बेटे-बेटियां हैं। वे तुम्हारे द्वारा तो आते हैं, किन्तु तुमसे होकर नहीं आते।' साथ ही उनका यह भी कहना था- 'अब्दुल! तुम निष्ठा और विश्वास में यदि श्रद्धा रखते हो तो अपनी नियति भी बदल सकते हो।' पिता के इन्हीं विचारों ने कलाम को एक सशक्त स्तम्भ के रूप में स्थापित होने में मदद की।

एक बार रामेश्वरम तट पर एक भयंकर चक्रवात आया, जिसमें जैनुलाब्द्दीन की नाव, जिसे उन्होंने अहमद जलालुद्दीन के साथ मिलकर बहुत मेहनत से बनाया था, बह गई थी। आंखों में परिवार चलाने की चिंता और चेहरे पर परेशानी व दुःख के भाव लिए अपने पिता के चेहरे को नन्हें कलाम कभी नहीं भूल पाए, क्योंकि उस स्थिति में भी उनके पिता का आत्मसंयम देखते बनता था। कलाम ने अपने पिता के नजरिए और समुद्र की तबाही, दोनों से काफी कुछ सीखा। क्योंकि इस घटना से पहले कलाम ने समुद्र की सिर्फ सुंदरता ही देखी थी। अब इसकी ताकत और अनियंत्रित ऊर्जा से भी सामना हो गया था।

कुछ समय बाद एक दूसरी नाव आ गई और फिर दोबारा से वही व्यवसाय आरंभ कर दिया गया। समुद्र में तूफान आते ही रहते थे और अब कलाम ने इन तूफानी रातों में रहना सीख लिया था। 1964 में जब कलाम रामेश्वरम में नहीं रहते थे, फिर एक बहुत भयंकर समुद्री तूफान आया, जिसने धनुषकोडि का अधिकतम भाग डूबो दिया। तूफान के दौरान पंबन पुल ढहने के कारण उस पर से गुजर रही एक ट्रेन अपने सारे यात्रियों के साथ बह गई थी। कलाम के पिता ने इस तूफान में पुनः एक 'फेरी' खो दी। उन्होंने अपना नुकसान चुपचाप बर्दाश्त कर लिया, क्योंकि वे पुल और यात्रियों से भरी रेलगाड़ी बह जाने के कारण ज्यादा दुखी थे।

कलाम कहते थे-'मैं जब भी 'सैटेलाइट लांच व्हीकल' (एस.एल.वी.) रॉकेट, 'पृथ्वी' तथा 'अग्नि' मिसाइल को लेकर परेशानियों का सामना करता था या बारिश के कारण मुझे प्रक्षेपास्त्रों की उड़ान स्थगित करनी पड़ती थी, तो मुझे उस समय अपने पिताजी का चिंताजनक चेहरा नजर आता था, जो तूफानों को देखने की स्थिति के बाद सामने आता था। उस समय मुझे उनकी

कही बात भी याद आती थी कि-'हमें समझना चाहिए कि हमारे अंदर कुदरत द्वारा भय से भरा भाव होता है तथा उसके साथ ही इस भय से मुकाबला करने की ताकत भी मौजूद होती है, जिससे भय पर विजय प्राप्त की जा सकती है। जब जीवन में परेशानी आए तो उससे होने वाले प्रभाव व दर्द को परखने की आवश्यकता है। इस दर्द के साथ को दूर करने का मार्ग प्रशस्त कर सकती है।'

अपने जीजाजी तथा अंतरंग मित्र जलालुद्दीन की असमय मृत्यु से व्यथित कलाम को उनके पिता ने ही उस दुखद स्थिति से उबारा था। हालांकि अपने दामाद को खोने के गम में उस 100 वर्षीय वृद्ध पिता के चेहरे पर भी दुःख की रेखाएं झिलमिला रही थीं। किन्तु अपना दर्द दबाकर अपने दामाद के अंतिम संस्कार के बाद बेहद अनुशासनप्रिय पिता ने कलाम के हाथ थामे और अपने पास बिठाकर कहा-'अब्दुल! यह सब खुदा की मरजी से होता है। उसने हमें अचल, अपरिवर्तनशील बनाया है, लेकिन रास्ता दिखाने के लिए सूरज बनाया है, जो धीरे-धीरे हमारा मार्ग प्रशस्त करता है। वह परछाइयों को कभी छोटा बना देता है। हमारे आराम के लिए उसने रात बनाई है और जलालुद्दीन को चिर निद्रा में भेज दिया है। जो होता है अल्लाह की मरजी से होता है और हमें उस पर भरोसा करना चाहिए।'

102 वर्ष की उम्र में जैनुलाब्द्दीन की मृत्यु हुई। अपनी मौत के बाद वे अपने पीछे एक बड़ा परिवार छोड़ गए थे, जिसमें उनके 15 पौत्र थे। कलाम तथा उनके भाई-बहन तथा नई पीढ़ी ने ईमादारी, आत्म अनुशासन और दयालुता विरासत में हासिल किया।

3. मां के लाड़ले कलाम

यह एक सर्व-विदित तथ्य है कि व्यक्ति को गढ़ने में संस्कार और माहौल दोनों ही महत्त्वपूर्ण भूमिका अदा करते हैं। डॉ. कलाम के माता-पिता ने जो संस्कार अपने बच्चों को दिए, वे जगजाहिर हैं।

मां आशियम्मा से कलाम को बहुत लगाव था। वे कहते थे कि -'मेरे पिताजी और मेरी मां, मेरे जीवन के केन्द्र बिन्दु थे।'

उनकी मां आशियम्मा, एक विशिष्ट परिवार से थीं; उनके खानदान का समाज में बड़ा सम्मान था, उनके पूर्वजों में से एक को ब्रिटिश सरकार ने 'बहादुर' की उपाधि प्रदान की थी।

उनकी मां, उनके पिता की ही तरह एक धार्मिक, विनम्र स्वभाव वाली, सभ्य, शांत तथा साधारण जीवन जीनेवाली समर्पित मुस्लिम स्त्री थीं। वे दिन में पांच बार पूरी श्रद्धा से नमाज पढ़ती थीं। वे घर में आने वाले प्रत्येक अतिथि को भोजन कराए बिना कभी वापस नहीं जाने देती थी। जबकि डॉ. कलाम का परिवार एक मध्यमवर्गीय परिवार था। डॉ. कलाम कहते थे-'हमारे भरे-पूरे परिवार में कुल मिलाकर जितने सदस्य थे, उनसे कहीं अधिक बाहरी लोग हमारे साथ भोजन करते थे। मां का मुख्य काम सारे परिवार की जिम्मेदारी संभालना था। वे अपने कार्य में ही पूरी तरह से व्यस्त रहती थीं। हमारे परिवार में 10 भाई-बहन, दादा-दादी, चाचा-चाची और चचेरे भाई-बहन आदि अनेक लोग शामिल थे और हम सब मिलकर एक ही घर में रहते थे। हर किसी की जरूरतों को पूरा करना एक मुश्किल काम तथा चिंता का विषय था। हमारे परिवार का जीवनयापन मेरे पिता के नारियल के बागों के कारोबार तथा 'फेरी' के व्यापार से ही होता था। इस आमदनी से सिर्फ हमारी जरूरतें पूरी होती थीं। ऐसी स्थिति में मेरी मां मेरे पिताजी की आदर्श पत्नी थी। वे परिवार की जरूरत के अनुसार बचत करती थीं तथा दिन के छोटे-छोटे खर्चों में कमी बरतती थीं; लेकिन उनके चेहरे पर कभी क्रोध व खीज का भाव नहीं आता था।'

डॉ. कलाम को बचपन में अपनी मां के साथ रसोई में फर्श पर बैठकर भोजन करना बहुत पसंद था। केले के पत्तों को बिछाकर उस पर चावल और खुशबूवाला गर्मागर्म सांभर, घर में बने हुए अचार और ताजा नारियल की चटनी को खाने का आनंद ही कुछ और था। क्योंकि उस खाने के स्वाद में पिता की कड़ी मेहनत व मां के दुलार की खुशबू होती थी।

द्वितीय विश्व युद्ध के दौरान खाद्य वस्तुओं की भारी कमी हो जाने से प्रत्येक परिवार के लिए राशन का कोटा तय कर दिया गया था। ऐसी स्थिति में उनकी मां और दादी की पूरी कोशिश रहती थी कि कोई भी वस्तु बेकार न हो और किसी भी तरह से पूरे परिवार का निर्वाह हो सके। वे अकसर अपने खाने में बचत करके बच्चों को पूरा खाना खिलाती थीं। एक दिन उनकी मां गरम-गरम रोटियां बनाती जा रही थीं और बच्चों को खिलाती जा रही थीं। नन्हें कलाम को गरम रोटियों का स्वाद इतना भाया कि उन्होंने पेट भरकर खाया। बाद में उनके बड़े भाई ने उन्हें डांटते हुए कहा कि-'क्या तुम जानते हो कि हम सबको राशन का सीमित कोटा मिलता है? हर किसी के हिस्से में दो-तीन रोटियां ही आती हैं। आज मां ने अपने हिस्से की रोटी भी तुम्हें दे दी, क्योंकि वे बना रही थीं और तुम खाते जा रहे थे। इसके कारण तुम्हारी वजह से उन्हें भूखा रहना पड़ा, क्योंकि उनके लिए खाने को कुछ नहीं बचा था।' यह सुनकर कलाम चकित रह गए और मां के त्याग से अभिभूत हो उठे। उनकी आंखों में आंसू आ गए। उनके बाल हृदय में अपनी मां के प्रति विशेष स्नेह जाग उठा।

'रामायण' में रामेश्वरम का उल्लेख उस स्थान के रूप में वर्णित है, जहां से राम ने रावण पर आक्रमण की शुरुआत की थी। राम की इस विजय यात्रा की याद में यहां प्रतिवर्ष आयोजित होने वाले 'श्री सीताराम कल्याणम्' समारोह में कलाम का परिवार मूर्तियों को मंदिर से रामतीर्थ तालाब के मध्य स्थित विवाह-स्थल तक लाने-ले जाने के लिए नौकाओं का इंतजाम करता था। कलाम की मां और दादी बच्चों को सुलाते समय जो कहानियां सुनाती थीं, उनमें स्वाभाविक रूप से रामायण के प्रसंग और पैगम्बर हजरत मुहम्मद के जीवन के किस्से होते थे। कलाम और उनके भाई-बहन, दोनों धर्म और संस्कृतियों के मूल्य अपने भीतर आत्मसात करते हुए बड़े हुए।

कलाम जब 8 साल के थे तो दूसरा विश्व युद्ध आरंभ ही हुआ था। ब्रिटेन ने नाजी जर्मनी से युद्ध की घोषणा कर दी थी और भारतीय कांग्रेस के विरोध के बावजूद भारत को ब्रिटेन की ओर से युद्ध में शामिल होना पड़ा। इस युद्ध में भारतीय सैनिकों को दुनिया के विभिन्न क्षेत्रों में भेजा गया था। युद्ध के कारण ब्रिटिश सरकार ने कई चीजों पर प्रतिबंध लगा रखा था। युद्ध का प्रभाव लोगों

के जीवन पर पड़ने लगा था। कलाम का संयुक्त परिवार भी इससे अछूता नहीं था। उसी दौरान कलाम के चचेरे भरई शम्सुद्दीन ने अखबार वितरण के कार्य में कलाम को अपना सहयोगी बनने का प्रस्ताव दिया। बालक कलाम बेहद खुश हुए, क्योंकि निश्चित रूप से वे घर में अपना छोटा-सा योगदान दे सकते थे।

चूंकि अखबार बांटने का काम सुबह का होता था और उससे पहले 4:00 बजे उन्हें अपने गणित के अध्यापक के पास पढ़ने जाना होता था। इसलिए उनकी मां मुंह अंधेरे ही कलाम से पहले उठकर उन्हें उठा देती थी और फिर नहलाकर उन्हें अध्यापक के पास भेज देती थी। सुबह 5:00 बजे तक वहां ट्यूशन लेने के बाद वे मदरसे में 'कुरान शरीफ' पढ़ने जाते, उसके बाद रामेश्वरम के रेलवे स्टेशन पर जाकर समाचार पत्र एकत्र करके ग्राहकों उसका वितरण करते थे। बचपन में ही आत्मनिर्भर बनने की तरफ उनका यह पहला कदम था।

कलाम कहते थे-'मैं बचपन के दिन नहीं भूल सकता, मेरे बचपन को निखारने में मेरी मां का विशेष योगदान है। उन्होंने मुझे अच्छे-बुरे को समझने की शिक्षा दी। छात्र जीवन के दौरान जब मैं घर-घर अखबार बांटकर वापस आता था, तो मां मेरे लिए नाश्ता बनाकर मेरा इंतजार कर रही होती थी। वे मुझे खिलाते समय देखती रहती थी कि मैं पूरी तरह से अपना नाश्ता खत्म करूं और कुछ भी न छोड़ूं। पढ़ाई के प्रति मेरे रुझान को देखते हुए मेरी मां ने मेरे लिये छोटा-सा लैम्प खरीदा था, जिससे मैं रात को 11:00 बजे तक पढ़ सकता था। मां ने अगर साथ न दिया होता तो मैं यहां तक न पहुंचता।'

अखबार बांटने की प्रक्रिया लगभग एक साल तक चली। कलाम के अनुसार-'मेरे लिए यह समय रोचक था, जिसे मैं आनंद से जी रहा था। दिनभर की थकावट मेरे लिए चिंता का विषय नहीं थी, लेकिन मां मेरी इस जिम्मेदारी व कार्य से परेशान होकर अकसर इसकी शिकायत करती थी और मैं मुस्कराकर अपना काम करता रहता था। वे मुझ पर गर्व करती थीं कि मैंने किस तरह 8 वर्ष की उम्र से ही घर में योगदान देना आरंभ कर दिया था। मां का यह अहसास मेरी प्रेरणा को बढ़ाता था।'

एक बार कलाम काम करके शाम को घर वापस आए तो बुरी तरह थके हुए थे। वे अपनी मां की गोद में सिर रखकर आराम से सो गए। मां शांत भाव से बैठी रहीं और धीमे-धीमे अपने बेटे के बालों व गालों को सहलाती रही। मां के वात्सल्य भरे स्पर्श की छांव से कलाम की सारी थकान जैसे पलभर में मिट गई और उनकी आंखों में आंसू आ गए। इससे पहले कि कलाम अपने आंसुओं को काबू में रख पाते, आंसू बहने शुरू हो गए थे। कुछ देर में आंसू मां की साड़ी को भिगोने लगे, लेकिन उन्होंने अपने बेटे को दुलार देना जारी

रखा। क्योंकि वे जानती थी कि आंसुओं की यह झड़ी उनके बेटे की चरम सीमा तक आ पहुंची थकावट थी, जो धीरे-धीरे निकल रही थी।

कलाम को अपनी मां के हाथों का बना सांभर और दक्षिण भारतीय मिठाई 'पोली' बेहद पसंद थी। वे कहते थे-'मैंने मां के हाथ जैसा बना सांभर कभी नहीं खाया, जिसमें सभी तरह के मसाले स्वाद के अनुसार संतुलित रूप से डाले जाते थे। मेरी मां 'पोली' की 12 तरह से मिठाइयां बनाती थीं और हर किस्म की मिठाई की अपनी अलग सुगंध एवं स्वाद होता था।'

कलाम का परिवार प्रसन्नचित्त रहने वाला परिवार था। हालांकि आशियम्मा की दुनिया अपने घर व परिवार तक ही सीमित थी। घर में रहकर वे सभी की जरूरतों को पूरा करती थी और खुदा से पूरे दिल से जुड़ी रहकर उसके इबादत में लीन रहती थी। वे हमेशा सबके लिए भला सोचती थी और दूसरों के हित की चिंता करती थीं। मां से ही कलाम ने सीखा था कि अपने से जुड़े लोगों की जरूरतों पर ज्यादा ध्यान दो।

अपनी पारिवारिक सौहार्दता के बारे में डॉ. कलाम कहते थे-'इंसान को संकट की स्थिति में किसी ऐसे व्यक्ति की आवश्यकता होती है, जो उस परिस्थिति का सामना करने में उसकी सहायता कर सके। संकट के समय जो लोग मेरे पास आते हैं, मैं उनके लिए ईश्वर से प्रार्थना करता हूं। क्योंकि यह भावना मुझे मेरे माता-पिता से मिली थी।'

पिता की मृत्यु के समय ही कलाम अपनी मां से मिल पाए थे, चूंकि वे उस समय एस.एल.वी.-3 रॉकेट निर्माण कार्य में व्यस्त थे, इसलिए पुनः मां से मिलने नहीं जा सके थे। कुछ ही दिनों पश्चात् कलाम को अपनी मां की मृत्यु का समाचार मिला तो वे व्यथित हो उठे। दो व्यक्तित्व, जो उनके जीवन आधार थे, जिन्होंने उनके व्यक्तित्व व जीवन को नया मोड़ दिया था, नई सोच प्रदान की थी, वे दोनों ही इस संसार में नहीं थे। अब उन्हें अपनी बाकी की ज़िंदगी उनके बिना ही गुजारनी थी।

वह मां, जो अपने बेटे की भावनाओं को समझ सकती थी तथा उन भावनाओं की कद्र करती थी, वे अब यादों में रह गई थीं। किन्तु उनके द्वारा दिए गए संस्कार कलाम के साथ जीवनपर्यत रहे।

4. अतीत का दर्पण

प्रत्येक संवेदनशील व्यक्ति के लिए उसका अतीत एक चुनौती होता है और इतिहास से गुजरते हुए वह उन स्मृतियों को वर्तमान से जोड़ना चाहता है। डॉ. कलाम का अतीत भी अनेक खट्टी-मीठी स्मृतियों से सराबोर था। उनके बीते हुए लम्हे न सिर्फ एक राष्ट्रपति को समझने के सूत्र हैं, बल्कि वैज्ञानिक डॉ. कलाम को भी समझने के सूत्र हैं।

महात्मा गांधी का कथन है–'इंसान अकसर वही बनता है, जो वह सोचता है। यदि इंसान अपने बारे में यह सोचने लगे कि वह कुछ नहीं कर सकता है, तो वास्तव में वह कुछ नहीं कर सकता। ठीक इसके विपरीत, यदि वह यह निश्चय कर ले कि वह इस असंभव काम को भी संभव कर सकता है, तो फिर चाहे उसके लिए उसे कितना भी परिश्रम क्यों न करना पड़े, वह अपनी मंजिल अवश्य प्राप्त कर लेता है।'

उपर्युक्त शब्द डॉ. अब्दुल कलाम पर अक्षरशः खरे उतरते हैं। यहां यह स्पष्ट कर देना आवश्यक है कि डॉ. कलाम के परिवार में शिक्षा का प्रचलन बहुत अधिक नहीं था, इसके विपरीत उनकी इच्छा थी पढ़ने की, एक जीत प्राप्त करने की। और उन्होंने जीत प्राप्त की भी, किन्तु कुछ अलग ढंग से।

शिक्षा के प्रति डॉ. अब्दुल कलाम की विशेष रुचि थी। 5 वर्ष की अवस्था में रामेश्वरम के पंचायत प्राथमिक विद्यालय में उनका दीक्षा-संस्कार हुआ था। उनकी प्रतिभा को देखकर उनके शिक्षक बहुत प्रभावित हुए और उन पर विशेष स्नेह रखने लगे। यहां शिक्षा अर्जित करने के बाद श्वाट्र्ज हाई स्कूल, रामनाथपुरम् से उन्होंने मैट्रिक की परीक्षा उत्तीर्ण की।

फिर उन्होंने 1950 में तिरुचिरापल्ली के सेंट जोसेफ कॉलेज (त्रिची) में दाखिला ले लिया। वहां उनके मन में भौतिक शास्त्र के प्रति विशेष रुचि उत्पन्न हुई, साथ ही अंग्रेजी साहित्य में भी वे अपनी पकड़ मजबूत करने लगे। यद्यपि

इस दौरान उन्होंने खगोलीय पिंडों का गहन अध्ययन किया। अब्दुल स्वयं ही पढ़ते थे और स्वयं ही समझते थे अथवा यह कहें कि शिक्षा के सम्बंध में उन्हें परामर्श देने वाला कोई पारिवारिक व्यक्ति नहीं था। ऐसे कठिन समय में उनके दो परिचितों जलालुद्दीन तथा शम्सुद्दीन ने उनकी काफी मदद की। इन्हीं दो व्यक्तियों से अब्दुल कलाम ने व्यावहारिक ज्ञान बटोरा।

जलालुद्दीन एक स्थानीय ठेकेदार थे, जो डॉ. कलाम के पिता के कार्यों में हाथ बंटाया करते थे। उनके पिता नौकाएं बनाने का काम करते थे। बाद में जलालुद्दीन का विवाह अब्दुल कलाम की बड़ी बहन जोहरा के साथ हो गया और इस प्रकार जलालुद्दीन और कलाम की अंतरंग मित्रता रिश्तेदारी में बदल गई। कलाम के गांव में जलालुद्दीन ही अकेले ऐसे व्यक्ति थे, जिन्हें अंग्रेजी पढ़नी-लिखनी आती थी। वे सदैव अपने मित्र अब्दुल कलाम को वैज्ञानिक खोजों, समकालीन साहित्य तथा ज्ञान-विज्ञान की बातों के बारे में बताते रहते थे। उन्होंने सदा अब्दुल को आगे पढ़ने के लिए प्रोत्साहित किया।

डॉ. कलाम के दूसरे मित्र थे उनके चचेरे भाई शम्सुद्दीन। जिनका रामेश्वरम् में अखबार बेचने का कारोबार था। इस एजेंसी को शम्सुद्दीन अकेले ही चलाते थे। बाद में उन्होंने अब्दुल कलाम को अपने सहयोग के लिए रख लिया था।

कहते हैं, भगवान भी उन्हीं की सहायता करते हैं, जो अपनी सहायता स्वयं करते हैं। डॉ. कलाम के जीवन में दो अंतरंग मित्रों का आना, उनके लिए वरदान सिद्ध हुआ। जहां जलालुद्दीन उनके उज्ज्वल भविष्य के मार्गदर्शक थे, वहीं अपने कार्यों में हाथ बंटाने की एवज में उन्हें वेतन देकर शम्सुद्दीन ने उनकी आर्थिक विपन्नता को कम करने में महत्त्वपूर्ण योगदान दिया। इसके अतिरिक्त कलाम को लगभग सभी अखबार निःशुल्क पढ़ने का अवसर भी मिल जाया करता था।

यद्यपि डॉ. कलाम बी.एससी. में दाखिला ले चुके थे, किन्तु उच्च शिक्षा के किसी और विकल्प के बारे में उन्हें कुछ भी ज्ञात नहीं था। केवल आंखों में एक सपना था-आकाश में उड़ान भर का। बी.एससी. के पश्चात् उन्हें ऐसा अनुभव हुआ कि भौतिकी विषय उनके अनुरूप नहीं है, बल्कि इंजीनियरिंग उनके लिए श्रेष्ठ है। अतः उन्होंने एम.आई.टी. में दाखिला लेने का निश्चय किया, लेकिन दाखिले के लिए 1000 रुपये की आवश्यकता थी और उनके पिता के पास इतना धन नहीं था। ऐसी परिस्थिति में उनकी बड़ी बहन जोहरा ने अपने जेवर गिरवी रखकर धन जुटाया। डॉ. कलाम ने अपनी जीवनी में इस बात का उल्लेख किया है कि उन्हें शिक्षित देखने की जोहरा के मन में बड़ी ललक थी। कलाम ने भी दृढ़ निश्चय किया कि वे एम.आई.टी में प्रथम आएंगे

तथा स्वयं द्वारा अर्जित किए गए धन से बहन के गिरवी पड़े जेवर छुड़वाएंगे।

एम.आई.टी. में दो विमान थे, जो उड़ान संबंधी मशीनों की कार्यप्रणालियों को समझाने के लिए प्रदर्शन के तौर पर रखे गए थे। इन विमानों से कलाम को गहरा लगाव हो गया। वे घंटों उन विमानों के पास बैठे रहते थे और कभी-कभी उनमें उड़ने के स्वप्न में खो जाते थे।

इस प्रकार एक साल पूरा हो गया। अब उन्हें एक विशेष विषय का चुनाव करना था। इसलिए उन्होंने वैमानिकी नामक विषय का चुनाव किया। अब उनके पास केवल एक ही लक्ष्य था-पायलट बनना।

अत्यंत विनम्र और शांत होने के कारण कलाम किसी से कुछ भी आग्रह करने या मांगने में बहुत झिझकते थे। इस कारण उन्हें अनेक कठिनाइयों तथा बाधाओं का सामना करना पड़ा; कभी-कभी निराशा भी हुई एवं भटकाव भी आया; किन्तु पिता के प्रेरणास्पद शब्दों ने उन्हें कठिनाइयों का सामना करने की शक्ति दी। उनके पिता सदा कहा करते थे-'बुद्धिमान वह है जो स्वयं को जान लेता है। बुद्धि के बिना सीखा गया ज्ञान किसी काम का नहीं होता।'

वैमानिकी में डिग्री लेने के पश्चात् व्यावहारिक प्रशिक्षण प्राप्त करने के लिए अब्दुल कलाम बंगलौर के ऐरोनॉटिक्स लिमिटेड में गए। यहीं पर उन्होंने इंजनों की मरम्मत से लेकर कलपुर्जे जोड़ने तक का काम सीखा; सुपर इंजन पर लगे पंखों का गहन अध्ययन किया अर्थात् अब तक उन्होंने कक्षाओं में जो कुछ पढ़ा था, वह सब व्यावहारिक दृष्टिकोण से काम आने लगा। वे वहां घंटों इंजनों का अध्ययन करते थे, घंटों मरम्मत में जुटे रहते थे। इसी बीच उन्होंने एक तमिल पत्र में एक लेख लिखा, जिसका शीर्षक था–'आइए, स्वयं अपना विमान बनाएं'। इस लेख ने उन्हें पुरस्कार भी दिलवाया और नाम भी।

विमान इंजीनियरिंग में डिप्लोमा लेने के बाद अब्दुल कलाम के सामने नौकरी की समस्या थी। उन दिनों विमान इंजीनियरिंग के क्षेत्र में भारत की अपेक्षा विदेशों में नौकरी के अवसर अधिक थे, किन्तु विदेश जाने के लिए अब्दुल कलाम के पास न तो धन था और न ही इच्छा। उनकी केवल एक ही इच्छा थी-देश की सेवा करना।

उन्होंने भारत सरकार के दो संस्थानों में आवेदन पत्र दिए। पहला वायुसेना में और दूसरा रक्षा मंत्रालय में। पहला साक्षात्कार देहरादून में और दूसरा दिल्ली में होना था। पहली बार वे अपने जन्म स्थान रामेश्वरम् से दिल्ली पहुंचे और यहां रक्षा मंत्रालय में साक्षात्कार दिया। तदंतर वायुसेना में साक्षात्कार देने के लिए देहरादून चले गए। यहां 25 उम्मीदवारों में से केवल 8 का ही चयन होना था। वायुसेना के चयन बोर्ड में बुद्धि की अपेक्षा व्यक्तित्व पर अधिक ध्यान दिया

जाता था। शारीरिक योग्यता में अब्दुल कलाम 9वें स्थान पर आए, इसलिए उनका चुनाव न हो सका।

साक्षात्कार में पिछड़ जाने का उन्हें गहरा दु:ख हुआ। वायुसेना की नौकरी हाथ से निकल जाने के दु:ख ने उन्हें अंदर तक झकझोर दिया। थके-हारे मन से अब्दुल देहरादून से ऋषिकेश पहुंचे। यहां उनका परिचय स्वामी शिवानन्दजी से हुआ। उनके ओजपूर्ण और संस्कारित व्यक्तित्व से अब्दुल कलाम अत्यंत प्रभावित हुए। स्वामीजी ने उनके थके-हारे मन में शांति का संदेश उड़ेला और नियति पर विश्वास रखने का उपदेश दिया–'ईश्वर जो करता है, अच्छा करता है। आगे भी जो कुछ होगा, अच्छा ही होगा।' इस उपदेश को अपने अंतर्मन में ग्रहण कर अब्दुल कलाम वापस दिल्ली लौटे और डी.टी.डी.पी. (डिपार्टमेंट ऑफ टेक्नोलॉजी डेवलपमेंट एंड प्रोडक्शन) जाकर साक्षात्कार के परिणाम के विषय में पता किया।

यहां कलाम का चयन हो गया और सन् 1958 में वे 250 रुपये के मासिक वेतन पर वरिष्ठ वैज्ञानिक सहायक के पद पर नियुक्त हो गए। रक्षा मंत्रालय में उन्हें तकनीकी केन्द्र (उड्डयन) में लगाया गया। कलाम का आत्मविश्वास अब तक यह सोचकर प्रबल हो चुका था कि 'वे वायुयान उड़ा नहीं सकते तो क्या हुआ, उसे उड़ने लायक तो बना सकते हैं' और यही सोचकर वे ईश्वर द्वारा दी गई इस नई दिशा की ओर तन-मन से जुट गए।

यहां उनका परिचय आर. वरदराजन से हुआ। वरदराजन उनके ऑफिस इंचार्ज थे। उन्हीं के संरक्षण में डॉ. कलाम ने पराध्वनिक लक्ष्यभेदी विमान का डिजाइन तैयार किया। यह उनकी प्रथम सफलता थी। इस उपलब्धि से प्रभावित होकर संस्थान के निदेशक डी. नीलकंठन ने उन्हें एयर क्राफ्ट एंड आर्मामेंट टेस्टिंग यूनिट, कानपुर में भेज दिया। उन दिनों वहां एम.के. 1 विमान का परीक्षण चल रहा था। उसकी कार्यप्रणालियों के कार्यान्वयन में कलाम ने भी महत्त्वपूर्ण योगदान दिया। कानपुर में काम पूरा करने के बाद डॉ. कलाम दिल्ली लौटे तो उन्हें बताया गया कि 'डार्ट' नामक लक्ष्यभेदी विमान के डिजाइन का काम आरम्भ हो चुका है और वे भी डिजाइन टीम में सम्मिलित कर लिए गए हैं। यह जानकर कलाम के मन में प्रसन्नता की लहर दौड़ गई और वे जी-जान से हॉट कॉकपिट के विकास और निर्माण में जुट गए।

दिन, महीने और साल बीतते देर नहीं लगी। बंगलौर में वैमानिकी विकास प्रतिष्ठान (एयरोनॉटिकल डेवलपमेंट इन्स्टीट्यूट) की स्थापना हो चुकी थी। वहां कार्य करने के लिए प्रतिभाशाली वैज्ञानिकों की आवश्यकता थी। अतः डॉ. कलाम को वहां कार्य के लिए चुन लिया गया। वैमानिकी विकास संस्थान,

बंगलौर में काम करना डॉ. कलाम के लिए किसी चुनौती से कम नहीं था, क्योंकि यहां उन्हें कुछ नया करके दिखाना था। उन्होंने स्वदेशी हॉवर क्राफ्ट अर्थात् मंडराने वाला विमान बनाने का निश्चय किया, जिसे पूरा करने के लिए उनके निर्देशन में चार लोगों की एक टीम बनाई गई। समयावधि थी-तीन साल।

यह परियोजना डॉ. कलाम के लिए न केवल चुनौतियों से भरी थी, बल्कि इसे पूरा करने में अनेक अड़चनें भी थीं। एक तो टीम में सम्मिलित किसी भी व्यक्ति को ऐसे विमानों के निर्माण का अनुभव नहीं था; दूसरा, विमान बनाने के लिए आवश्यक कलपुर्जों का अभाव था। अत: आरम्भिक दिनों में कलाम ने अनेक कठिनाइयों का सामना किया, किन्तु शीघ्र ही उन्होंने तकनीकी कठिनाइयों पर नियंत्रण पा लिया।

अब तक जितना कुछ उन्होंने हॉवर क्राफ्ट्स के विषय में पढ़ा था, उन्हीं जानकारियों तथा उपलब्ध संसाधनों को एकत्रित कर उन्होंने काम आरम्भ करने का निश्चय किया। पहले उन्होंने ड्राइंग बोर्ड पर डिजाइन बनाने का काम आरम्भ किया। तदंतर हार्डवेयर बनाने में जुट गए। अंत में उनके अथक परिश्रम और लगन से पंखरहित, हल्का एवं तीव्र गति वाला वायुयान तैयार हो गया। इस विमान को नाम दिया गया 'नंदी'।

इस प्रकार डॉ. कलाम ने यह सिद्ध करके दिखा दिया कि सफलता का अर्थ केवल असफल होना नहीं होता, बल्कि निर्धारित लक्ष्य को प्राप्त करना होता है, किन्तु पूरा युद्ध जीतना अभी शेष था।

डॉ. कलाम की इन उपलब्धियों को देखने के लिए तत्कालीन रक्षा मंत्री वी.के. कृष्ण मेनन बंगलौर पहुंचे और इस नवनिर्मित विमान में उड़ान भरने की इच्छा व्यक्त की। विमान उड़ा, जिसे स्वयं कलाम ने उड़ाया। सफलतापूर्वक आकाश में उड़ने के बाद विमान सुरक्षित नीचे उतर आया। विमान क्षेत्र में डॉ. कलाम की यह प्रथम अभूतपूर्व सफलता थी।

कहा गया है कि मेहनत स्वयं में आरम्भ भी है और अंत भी। मनुष्य जितना कठोर परिश्रम करता है, उतना ही अच्छा अनुभव करता है; और जितना अच्छा अनुभव करता है, उतना ही कठोर परिश्रम करता है। 'नंदी' के आविष्कार से डॉ. कलाम के आगे का मार्ग प्रशस्त हो गया। इस सफलता के बाद वे 'नंदी' से भी शक्तिशाली हॉवर क्राफ्ट बनाना चाहते थे, किन्तु नियति को कुछ और ही स्वीकार था। सरकार ने हॉवर क्राफ्ट के निर्माण की योजनाओं पर रोक लगा दी और इसके आगे का निर्माण भी रोक दिया गया।

हॉवर क्राफ्ट के निर्माण में रुकावट के बावजूद अब्दुल कलाम निराश नहीं हुए। इस सफलता ने एक अन्य ढंग से उनकी सहायता की तथा उनके लिए

इससे भी महत्त्वपूर्ण क्षेत्र के द्वार खुल गए। एक दिन संस्थान के निदेशक ने उन्हें सूचना दी कि अगले सप्ताह हॉवर क्राफ्ट का प्रदर्शन किया जाना है, जिसे देखने के लिए एक वी.आई.पी. आ रहे हैं।

अगले सप्ताह हॉवर क्राफ्ट उड़ान भरने के लिए पूरी तरह से तैयार था। उन वी.आई.पी. महोदय ने उस विमान में उड़ान भरने की इच्छा व्यक्त की। डॉ. कलाम के लिए यह परीक्षा की घड़ी थी। उन्होंने लगभग 10 मिनट तक उन अपरिचित वी.आई.पी. को आकाश की सैर करवाई। जब वे वापस चले गए, तब डॉ. कलाम को ज्ञात हुआ कि वे टाटा इंस्टीट्यूट ऑफ फंडामेंटल रिसर्च के निदेशक प्रो.एम.जी.के. मेनन थे।

एक सप्ताह बाद डॉ. कलाम को 'इंडियन कमेटी फॉर स्पेस रिसर्च' की ओर से साक्षात्कार के लिए आमंत्रित किया गया। यह साक्षात्कार रॉकेट इंजीनियर पद के लिए था। डॉ. कलाम साक्षात्कार के लिए मुम्बई पहुंचे। डॉ. साराभाई और प्रो. मेनन ने उनका साक्षात्कार लिया। डॉ. साराभाई ने उनसे सामान्य ढंग से बात की, मानो वे पहले से ही उनकी योग्यताओं से परिचित थे। उन्हें तलाश थी कलाम के अंदर उपस्थित कमाल की संभावनाओं की। अंततः उनका चयन कर लिया गया और इस प्रकार नियुक्ति पत्र प्राप्त करते ही उनकी उपलब्धियों में एक और कड़ी जुड़ गई।

प्रत्येक सफलता के बाद आत्मविश्वास बढ़ता है, जिससे अगली बार सफल होना और भी सरल हो जाता है। प्रत्येक सफल काम के बाद व्यक्ति का स्वाभिमान भी बढ़ता है और इस सफलता का आरम्भ होता है घर-परिवार द्वारा बच्चे को दिए गए अच्छे संस्कारों और शिक्षा से।

डॉ. कलाम को विरासत में मिले श्रेष्ठ संस्कार उनकी सफलता की सीढ़ियां थी। साथ ही आने वाली पीढ़ियों के लिए इस बात का संदेश भी कि मनुष्य का बड़प्पन उसके पद में नहीं, बल्कि संस्कारों में होता है।

5. बचपन के मार्गदर्शक

महापुरुषों का मानना है कि यदि बच्चा अपने चरित्र की महता को समझ जाए एवं किशोरावस्था में ही दायित्वबोध की शिक्षा ग्रहण कर ले तो उसकी शिक्षा का आधा भाग पूर्ण समझना चाहिए। डॉ. अब्दुल कलाम के संदर्भ में यह उक्ति शत-प्रतिशत सही बैठती है।

रामेश्वरम के एक साधारण परिवार के इस बालक का जीवन असाधारण संकल्प शक्ति, लगन और श्रेष्ठता की प्रेरणास्पद कहानी है। वे अपने पूर्वजों, अपने माता-पिता और ईश्वर के प्रति उनके गहरे प्रेम, माता और उनकी सहृदयता, दयालुता, उनके विचारों और दृष्टिकोणों को आकार देने वाले अपने सर्वाधिक निकट रहे लोगों अपने प्रारंभिक जीवन पर गहरी छाप छोड़ने वाले लोगों और तदंतर संपर्क में आए व्यक्तियों के बारे में उत्साह और प्रेम के साथ बताते थे।

वे सदैव अपने उन आदर्शों को याद करते थे, जिन्होंने उन्हें प्रगति के चरमोत्कर्ष तक पहुंचाया। स्वयं के बारे में वे कहते थे–'मैंने अपने अभिभावकों, संबंधियों, शिक्षकों, वरिष्ठ अधिकारी तथा सहयोगियों-सभी से कुछ-न-कुछ सीखा है।'

पूर्वजों की कथा

अब्दुल कलाम बताते थे–'मेरे पिता जैनुलाब्द्दीन हमें हमारे दादाजी पकीर के दादाजी की कहानी सुनाते थे, जिन्होंने एक बार रामनाथ स्वामी मंदिर की मुख्य मूर्ति बचाई थी। एक बार एक प्रमुख त्योहार के दिन भगवान् की मूर्ति को गर्भगृह से जुलूस के साथ मंदिर के परिसर में ले जाया गया था। समारोह के दौरान लगातार चल रहे कार्यक्रमों के दौरान न जाने कब वह मूर्ति एक टैंक में गिर गई, जिसके बारे में किसी को भी पता नहीं चला। लोगों को जब यह पता चला, तब वे आने वाली विपत्ति के संकेत से भयभीत हो गए; किन्तु उस भीड़ के बीच एक आदमी ने अपना धीरज नहीं खोया और सतर्कता के साथ उस पानी के टैंक में छलांग लगाकर उस मूर्ति को कुछ ही देर में निकाल लिया

था। वे मेरे दादाजी के दादाजी थे। मूर्ति प्राप्त होने पर वहां उपस्थित लोगों की खुशी की कोई सीमा नहीं थी। मंदिर के पुजारी प्रसन्नतापूर्वक उन्हें धन्यवाद दे रहे थे। हालांकि वे लोग जानते थे कि वह मुस्लिम थे, परन्तु फिर भी वहां उपस्थित किसी भी व्यक्ति के मन में जात-पात के भेदभाव की भावना नहीं जागी। इस घटना से मेरे दादाजी के दादाजी को एक हीरो की तरह ख्याति मिली थी। इस घटना के बाद मंदिर की तरफ से यह घोषणा की गई कि प्रत्येक वर्ष इस त्योहार के अवसर पर उन्हें 'मुदुल मरायादाई' से सम्मानित किया जाएगा। यह एक अद्वितीय सम्मान था, जो मंदिर की तरफ से दूसरे धर्म के माननेवालों को दिया जाता था। उन्हें 'मरयादराई सम्मान' वर्षों तक दिया जाता रहा। उनके बाद मेरे परदादाजी, दादाजी, पिताजी को भी 'मरयादराई सम्मान से सम्मानित किया जाता रहा था।'

अवुल साहब डॉ. कलाम के परदादा का नाम था। उन्हें सम्मान देने के लिए परदादा के नाम के पहले शब्द 'अवुल' को डॉ. कलाम ने अपने नाम के साथ जोड़ा था। डॉ. कलाम के दादा का नाम पकीर था। यह नाम भी उनके नाम के साथ जुड़ा है। जैनुलाब्द्दीन डॉ. कलाम के पिता का नाम था। यह नाम भी डॉ. कलाम ने अपने नाम के साथ जोड़ा था। इस प्रकार उनका पूरा नाम अवुल पकीर जैनुलाब्द्दीन अब्दुल कलाम लिया जाता है। उनके पिता धर्मनिष्ठ, परोपकारी और मेहनती व्यक्ति थे। उनके ये गुण कलाम को विरासत में मिले थे।

अहमद जलालुद्दीन

अहमद जलालुद्दीन से कलाम की पहली मुलाकात, उनके पिता जैनुलाब्द्दीन के साथ नाव बनाने के दौरान हुई थी। कलाम बड़ी दिलचस्पी से नाव बनते हुए देखते थे। उनकी दिलचस्पी देखकर जलालुद्दीन कलाम से नाव के बारे में बात करते और उन्हें बताते कि कैसे इसे बनना चाहिए, कैसे रंगना चाहिए आदि। जलालुद्दीन और कलाम के बीच समान मित्रता नहीं थी। कलाम छोटे बच्चे थे और जलालुद्दीन उनसे 15 वर्ष बड़े थे। कुछ समय बाद जलालुद्दीन की शादी कलाम की बड़ी बहन जोहरा से हो गई। अब वे रिश्ते में कलाम के जीजा थे।

जलालुद्दीन सिर्फ 8वीं कक्षा तक ही पढ़ पाए थे, क्योंकि अपने परिवार की देखभाल करने के लिए वे कमाना शुरू कर चुके थे। लेकिन वे अंग्रेजी पढ़-लिख सकते थे, इसलिए रामेश्वरम के निवासियों की अरजी या कोई सरकारी पत्र लिखने में व्यस्त रहते थे। सारे नगरवासी उनका मान-सम्मान करते थे। नन्हें कलाम उनकी लोकप्रियता देखकर उन्हीं की तरह बनना चाहते थे और पढ़ना-लिखना चाहते थे। शायद बेहतर शैक्षिक पृष्ठभूमि के कारण जलालुद्दीन उन लोगों में से थे, जिनमें जिज्ञासा और ज्ञान-पिपासा थी। नन्हें कलाम की

अधिक-से-अधिक जानकारी पाने की इच्छा का वे धीरज के साथ उत्तर देते जाते थे। जितना ज्ञान था, उसके मुताबिक हर सवाल का जवाब देते।

जलालुद्दीन न सिर्फ अत्यंत धार्मिक स्वभाव के थे, बल्कि सभी धर्मों में आस्था रखते थे और उनका सम्मान करते थे। उनके लिए खुदा या ईश्वर दोस्त था। वे उससे बातें करते, उसे अपनी सारी समस्याएं बताते; जैसे-खुदा जीती-जागती हस्ती है। जलालुद्दीन अब्दुल को आध्यात्मिक बातें सुनाते तथा ईश्वरीय शक्ति का बोध करवाते थे। इस प्रकार बचपन ही से अब्दुल को इस बात का बोध हो चुका था कि संकट या दुःखों से कभी घबराना नहीं चाहिए, बल्कि उनका डटकर सामना करना चाहिए। यह धारणा कलाम के भीतर तक प्रवाहित हुई।

वह जलालुद्दीन ही थे, जिन्होंने कलाम को आगे की पढ़ाई के लिए रामेश्वरम से निकाल कर रामनाथपुरम भेजने की व्यवस्था की और समझाया कि अच्छी शिक्षा पाने के लिए उन्हें अपनी इच्छाओं पर काबू पाने एवं संयम बरतने की जरूरत है। इन्हीं शब्दों को याद कर कलाम को अपने छात्रावास जीवन में तथा बाहर रहने की प्रेरणा मिली।

जीवन के हर मोड़ पर, हर कदम पर जलालुद्दीन ने कलाम का मनोबल बढ़ाया और उन्हें संभाला। जब कलाम 6 महीने के प्रशिक्षण कार्यक्रम में भाग लेने के लिए अमेरिका में 'नासा' (NASA) जा रहे थे; तब जलालुद्दीन और शम्सुद्दीन उन्हें छोड़ने के लिए सांताक्रुज एयरपोर्ट, बंबई (अब मुंबई) गए थे। जलालुद्दीन ने कलाम के हाथों को थाम कर कहा-'अब्दुल! हम हमेशा तुमसे प्रेम करते रहे हैं, भरोसा करते रहे हैं। हमें तुम पर गर्व है और हमेशा रहेगा।'

कलाम ने अपनी जीवनगाथा में लिखा भी है कि-'जलालुद्दीन ने ही मुझे इस संसार की लंबी दौड़ के बारे में बताया था। उन्होंने मुझे जीना सिखाया। मैं अपने विचारों और रचनात्मक सोच की प्रक्रिया के साथ बड़ा हुआ, जिस पर उनका गहरा प्रभाव पडा था। जब मैं अपने परिवार और उनसे बहुत दूर हो गया था, तब भी संसार में रास्ता बनाते समय उनका प्रभाव मेरे साथ रहा।' जब कलाम 'भारतीय अंतरिक्ष अनुसंधान संगठन' (ISRO) के लिए एस.एल.वी.-III रॉकेट की परियोजना पर कार्य कर रहे थे, तब एक दिन उन्हें खबर मिली कि उनके जीजा जलालुद्दीन नहीं रहे। यह कलाम के लिए गहरा आघात था।

कलाम अपने बहनोई की सहृदयता का वर्णन करते हुए कहते थे- 'वे दयालु हृदय तो थे ही, ईश्वर पर भी उनकी अगाध श्रद्धा थी। जीवन-भर वे मुझे आगे बढ़ने के लिए प्रोत्साहित करते रहे।' जलालुद्दीन ही उनके निकट रिश्तेदारों में एक ऐसे व्यक्ति थे, जो सदा उन्हें विद्वानों, वैज्ञानिक खोजों और

समकालीन साहित्य को पढ़ने के लिए प्रेरित करते थे।

शम्सुद्दीन

शम्सुद्दीन डॉ. कलाम के चचेरे भाई थे। उनके जीवन में शम्सुद्दीन की बड़ी महत्त्वपूर्ण भूमिका रही है। वे कहते थे कि उनके बचपन के हमदर्द, दोस्त और भाई सब कुछ शम्सुद्दीन ही थे। उनके पास रामेश्वरम् में अखबारों की एजेंसी थी। इस शहर में लगभग 1,000 शिक्षित व्यक्ति थे, वह उन सबको अखबार बेचते थे। उन अखबारों में से जुड़ी जानकारियां सुर्खियों में दी जाती थी। अखबारों के शीर्षक पढ़कर ही कलाम विश्वयुद्ध की घटनाओं के बारे में जानकारी प्राप्त करते थे। सन् 1939 में द्वितीय विश्वयुद्ध के कारण रामेश्वरम् स्टेशन पर गाड़ियों का रुकना बंद हो गया था।

नगरवासियों के लिए समाचार-पत्र प्राप्त करना मुश्किल हो रहा था। अब लोगों को अखबार कैसे मिलें और वे किस प्रकार रोज की गतिविधियों से अवगत हो सकें, यह एक गंभीर विषय था। शम्सुद्दीन ने सलाह दी-अखबारों के बंडल तैयार रखे जाएं और जब ट्रेन रामेश्वरम-धनुषकोडि मार्ग पर पहुंचे तो अखबारों के बंडल स्टेशन पर फेंक दिए जाएं। शम्सुद्दीन को इस कार्य के लिए एक सहायक की आवश्यकता थी। उन्होंने कलाम को इस कार्य से जोड़ा। 8 वर्षीय कलाम रोज सुबह उन बंडलों को चलती रेलगाड़ी से लेते थे और उन्हें शहर के लोगों में बांटते थे। इस कमाई से कलाम अपना छोटा-सा योगदान अपने परिवार को दे सकते थे। अखबार वितरण के बाद कलाम अपने स्कूल चले जाते थे और शाम को स्कूल से लौटने के बाद उन ग्राहकों से पैसे लेते थे, जिनको अखबार बांटे गए थे, फिर जाकर शम्सुद्दीन को दे आते थे। एक वर्ष तक इस कार्य को करते रहने के दौरान कलाम समझ चुके थे कि एक कमाने वाले आदमी की क्या परेशानियां हो सकती हैं। किस प्रकार सुबह से ही दिन भर की जिम्मेदारियों के लिए तत्पर रहना पड़ता है।

जोहरा

संयुक्त परिवार के चचेरे-ममेरे भाई-बहनों और कलाम के स्वयं के 10 भाई-बहनों में जोहरा सबसे बड़ी थी। वे घर की अन्य लड़कियों की तरह ही बड़ी हुई थी। उन्होंने स्कूल में जाकर पढ़ाई की थी, लेकिन वे हमेशा घर के कामों में अपनी मां की मदद किया करती थी। उन्हें अपनी मां की नजदीकी दोस्त कहा जा सकता था। वे अपने छोटे भाई कलाम के भविष्य के प्रति बड़ी चिंतित रहती थी। चूंकि कलाम अन्य बच्चों की तरह शरारती बालक नहीं थे,

वे हर समय पुस्तकों व कागजों से ही घिरे रहते थे, इसलिए जोहरा उनका विशेष ख्याल रखती थी।

अपनी बहन जोहरा से डॉ. कलाम को भी बड़ा लगाव था। उन्हें स्नेह देने वाली जोहरा की आंतरिक इच्छा थी कि उनका भाई बड़ा आदमी बने। जोहरा उन्हें हमेशा उत्साहित करती थी कि उन्हें अपने सपनों को और साकार करना चाहिए। जलालुद्दीन से विवाह हो जाने के पश्चात् भी दोनों पति-पत्नी मिलकर कलाम का उत्साह बढ़ाते थे। उन्होंने ही डॉ. कलाम को एम.आई.टी. में नामांकन दिलवाने के लिए विवाह में माता-पिता से उपहार स्वरूप मिले अपने आभूषणों को गिरवी रखकर उनकी फीस और पुस्तकों का प्रबंध किया था। डॉ. कलाम कहते थे कि उनकी पारिवारिक स्थिति इतनी सुदृढ़ नहीं थी कि एम.आई.टी. में प्रवेश लेने के लिए तत्काल आवश्यक रुपयों का प्रबंध हो पाता। पूरे 1,000 रुपए की आवश्यकता थी। उस विषम परिस्थिति में जोहरा ने अपनी सोने की चेन और चूड़ियां गिरवी रखकर पैसों का इंतजाम किया। बड़ी बहन के इस बलिदान को वे कभी नहीं भूल सकते। उनका कहना था कि एम.आई.टी. में नामांकन लेते ही वे संकल्पबद्ध हो गए थे कि बहन के इस ऋण को वे छात्रवृत्ति प्राप्त करके उतारेंगे।

कलाम ने अपनी जीवनगाथा में एक जगह लिखा था-'मेरी बहन जोहरा, मां जैसी ही गृहकार्य दक्ष, निपुण व हंसमुख थी। वह कभी भी अपनी जरूरतों के बारे में नहीं सोचती थी। उनके लिए अपने पिता, छोटे भाई-बहनों की जरूरतें अधिक महत्त्वपूर्ण थी। वह हर परिस्थिति का समाधान अपनी मेहनत व समझ से निकाल लेती थी। हर समस्या के बाद उनमें नई शक्ति आ जाती थी। वे अपने परिवार को अच्छी सलाह देने, अपने चाहने वालों को हर मुसीबत से बाहर निकालने का साहस रखती थीं। उनकी सहायता व सुझाव प्रेम से परिपूर्ण होते थे, जो सबके दिलों में बस जाते थे।'

मुस्तफा कलाम

डॉ. कलाम के बड़े भाई मुस्तफा कलाम की परिवार का भरण-पोषण करने के लिए रेलवे स्टेशन रोड पर उनकी परचून की एक दुकान थी। कलाम उनके कार्यों में भी हाथ बंटाते थे। समय-समय पर उन्हें बड़े भाई से आर्थिक सहायता मिलती रहती थी। परचून की दुकान पर काम करते हुए कलाम ने पाया कि सिगरेट और बीड़ी सबसे ज्यादा बिकने वाली वस्तुएं थीं। उन्हें ताज्जुब होता कि गरीब लोग अपनी कड़ी मेहनत की कमाई किस तरह धुएं में उड़ा देते हैं। द्वितीय विश्वयुद्ध के दौरान अचानक इमली के बीजों की मांग बढ़ गई। कलाम घर से दुकान के रास्ते में से इमली के बीज बीनकर दुकान पर बेच देते थे,

जिससे उन्हें इकन्नी मिल जाया करती थी। इस प्रकार वे परिवार की आर्थिक सहायता में भी हाथ बंटाते थे।

कासिम मुहम्मद

छोटे भाई कासिम मुहम्मद की रामेश्वरम में सीपियों और शंखों से बनी अनूठी वस्तुओं की दुकान थी। नन्हें कलाम को समुद्र की रंग-बिरंगी कलाकृतियां, सीप, शंख और सजावट की अन्य वस्तुएं बहुत अच्छी लगती थीं। उन्हें समुद्र से मिलने वाली इन सामग्रियों को देखकर आश्चर्य होता था। अतः वे अकसर भाई के पास दुकान पर बैठकर समय बिताते थे।

बचपन के तीन मित्र

जब 8 वर्षीय कलाम तीसरी कक्षा में थे, तो उनके मित्र थे-रामनाथन शास्त्री, अरविंदन तथा शिवप्रकाशन। वे तीनों ही ब्राह्मण थे। रामनाथन शास्त्री लक्ष्मण शास्त्री का पुत्र था। तीनों ही आदर्श सहपाठियों की तरह व्यवहार करते थे। डॉ. कलाम ने अपनी जीवनी में लिखा है-'अच्छे दोस्तों की तरह हमारा दिन एक-दूसरे के बिना अधूरा ही रहता था। अगर कोई साथी किसी कारण से विद्यालय न आए तो हम उसके लिए चिंतित रहते थे। हम सब एक साथ ही बैठते थे और एक-दूसरे के साथ अपने विचार बांटते थे। हमारे बीच कोई सांप्रदायिक भेदभाव नहीं था। आगे चलकर रामानंद शास्त्री अपने पिता के स्थान पर रामेश्वरम् मंदिर का पुजारी बना, अरविंदन ने तीर्थयात्रियों को घुमाने के लिए टेंपो चलाने का कारोबार कर लिया और शिवप्रकाशन दक्षिण रेलवे में खान-पान का ठेकेदार हो गया।'

लक्ष्मण शास्त्री

रामेश्वरम् के शिवमंदिर के प्रधान पुजारी लक्ष्मण शास्त्री डॉ. कलाम के पिता के गहरे मित्र थे। उनके लिए कलाम के मन में अपार श्रद्धा थी। वे उनके पास बैठकर अध्यात्म की बातें करते रहते थे। पं. लक्ष्मण शास्त्री उन्हें श्रीमद्‌भागवत के श्लोक सुनाकर कर्म की प्रधानता का उपदेश देते थे। वे सदा कलाम से कहा करते थे-'कलाम! सदा सत्य की खोज करो, क्योंकि सत्य ही तुम्हें आगे बढ़ने की शक्ति प्रदान करेगा।'

फादर बोदल

आध्यात्मिक रूप से महान फादर बोदल रामेश्वरम् चर्च के पादरी थे। उनका

उस शहर में उच्च स्थान था। वे हमेशा चर्च में आने वालों के हित के बारे में सोचते थे तथा उन सबकी भलाई के लिए कार्य करते थे तथा शहर की शांति व सद्भाव के लिए निरंतर तत्पर रहते थे। कलाम के पिता, पुरोहित पक्षी लक्ष्मण शास्त्री और फादर बोदल हर शुक्रवार की शाम 4:30 बजे आपस में मिलते थे और धर्म पर चर्चा करते थे। इसके अलावा शहर की महत्त्वपूर्ण समस्याओं तथा घटनाओं की जानकारी लेते थे। कई बार नगरवासी उनके पास अपनी व शहर की समस्याओं को लेकर आते थे, जिन्हें तीनों ही सुलझाने की कोशिश करते थे। वे अपने शहर में फैलने वाली किसी भी आशंका व अफवाह को अपनी समझदारी से दूर करते थे। वे तीनों हमेशा इस बात के लिए प्रयासरत रहते थे कि शहर में खुशनुमा माहौल बना रहे तथा हर कोई अपनी समस्या व विचारों को इकट्ठा मिलकर बांट सकें।

पं. शिव सुब्रह्मण्यम अय्यर

कलाम के घर आस-पास विभिन्न जातियों का एक छोटा-सा समाज था। उनके विज्ञान के शिक्षक पं. शिव सुब्रह्मण्यम अय्यर कट्टर सनातनी ब्राह्मण थे। वे अब्दुल कलाम को बहुत पसंद करते थे और उनसे सदा कहा करते थे-'कलाम! मैं तुम्हें ऐसा बनाना चाहता हूं कि देश-विदेश में तुम्हारा नाम हो, बड़े शहरों के लोगों के बीच तुम एक उच्च शिक्षित व्यक्ति के रूप में पहचाने जाओ।' एक दिन उन्होंने कलाम को भोजन पर अपने घर बुलाया, किन्तु उनकी पत्नी घोर रूढ़िवादी थी। उसने अपने 'पवित्र' रसोईघर में कलाम को भोजन करवाने से मना कर दिया। तब पण्डितजी ने रसोई से बाहर आकर स्वयं खाना परोसा और कलाम को स्नेहपूर्वक खिलाते हुए व्यवहार को गम्भीरतापूर्वक न लेते हुए उन्हें समझाया कि व्यवस्थाओं को बदलने में कुछ समय तो लगता ही है। एक सप्ताह के बाद पुनः आमंत्रित किए जाने पर जब कलाम पण्डितजी के घर पहुंचे तो देखा कि उनकी पत्नी के विचारों से रूढ़िवादिता टूट चुकी है। पण्डितजी की पत्नी स्वयं कलाम को रसोईघर में ले गई और अपने हाथों से खाना परोसकर खिलाया। उसके इस बदलाव से कलाम के हृदय में उनके प्रति स्नेह और भी गहरा हो गया।

रामकृष्ण अय्यर

रामकृष्ण अय्यर एक अनुशासनप्रिय और सख्त स्वभाव के शिक्षक थे। एक बार अनजाने में कलाम के द्वारा अनुशासन भंग करने को लेकर उन्होंने अब्दुल कलाम की पिटाई की थी। बाद में जब परीक्षा में कलाम प्रथम स्थान लेकर

उत्तीर्ण हुए तो उन्होंने विद्यार्थियों से कहा था–'देखो... मैं जिसकी पिटाई करता हूं, वह अच्छे अंकों से उत्तीर्ण होता है और भविष्य में महान आदमी बनता है।' शिक्षक महोदय की भविष्यवाणी सत्य प्रतीत हुई।

इयादुराई सोलोमन

रामनाथपुरम् के श्वाट्र्ज हाई स्कूल के एक शिक्षक, जिनका नाम इयादुराई सोलोमन था, एक आदरणीय शिक्षक थे। अत्यंत स्नेही, खुले विचारों वाले तथा ज्ञानवान होने के साथ-साथ वे उत्सुक छात्रों के लिए एक आदर्श मार्गदर्शक भी थे। वे सदा कहा करते थे–'एक कुशल शिक्षक से कमजोर छात्र जो सीख सकता है, उसकी तुलना में एक बुद्धिमान छात्र कहीं अधिक सीख सकता है। जीवन में सफल होने और अच्छे परिणाम के लिए तुम्हें तीन शक्तियों को समझने की आवश्यकता है। ये शक्तियां हैं– इच्छाएं, आस्थाएं एवं आशाएं।' यह बात अब्दुल कलाम को बहुत अच्छी लगती थी। सम्भवतः यही कारण रहा कि उन्होंने खुद को कभी किसी कमजोरी का गुलाम नहीं बनाया।

कहा गया है कि इंसान का चरित्र इस बात से नहीं संवरता है कि वह कैसी संगत में रहता है, बल्कि इस बात से संवरता है कि वह कैसी संगत से दूर रहता है। डॉ. कलाम अपने से बड़े उम्र वालों के साथ रहें। ज्ञान और संस्कारवान व्यक्तित्व के संसर्ग ने उन्हें युवावस्था तक यह बोध करा दिया था कि सही मार्ग पर चलने के लिए दिमाग को अच्छी सोच की खुराक की आवश्यकता होती है। ज्ञान में शक्ति बनने की क्षमता होती है और ज्ञान तभी शक्ति बन सकता है, जब उसका लगातार उपयोग किया जाए।

चित्रों में : डॉ. कलाम

अपने माता-पिता और भाई-बहन के साथ नन्हें कलाम।

उम्र के तीन दौर।

इसरो में अपने सहयोगी साथियों को समझाते हुए युवा कलाम।

आई.आई.एम. अहमदाबाद में अपने सहयोगी साथियों के साथ।

बच्चों के प्यारे कलाम सर।

राष्ट्रपति भवन में बच्चों के साथ।

आईएनएस सिंधुरक्षक में डॉ. कलाम।

डॉ. कलाम द्वारा निर्मित प्रेक्षेपास्त्र (मिसाइल) अग्नि-3

वैज्ञानिक कलाम के व्यक्तित्व के तीन रूप।

प्रसन्न मुद्रा में डॉ. कलाम।

अपने प्रिय उद्यान मुगल गार्डन में पूर्व राष्ट्रपति डॉ. कलाम।

वीणा वादन करते हुए डॉ. कलाम।

अपने सहयोगी सृजन पाल सिंह के साथ।

रूस के राष्ट्रपति ब्लादीमीर पुतिन तथा पूर्व प्रधानमंत्री अटल बिहारी बाजपेयी के साथ।

ब्राजील के राष्ट्रपति लुइस इनाशियो लुला और पूर्व प्रधानमंत्री डॉ. मनमोहन सिंह के साथ।

दक्षिण-अफ्रीका के पूर्व राष्ट्रपति नेल्सन मंडेला के साथ।

6. स्वामी शिवानन्द का मार्गदर्शन

डॉ. अब्दुल कलाम का सम्पूर्ण जीवन संभावनाओं और संवेदनाओं के बीच से गुजरता रहा। जीवन में कभी खुशियां आईं तो कभी दुःख और मुसीबतों के बादल मंडराए। फिर भी वे अपने कर्म पथ से डगमगाए नहीं। प्रगति के सोपान को छूने के लिए उन्होंने कठोर परिश्रम किया। बाधाओं के रूप में आई असफलताओं को ईश्वर की नियति मानकर उनका वरण किया। पिता के उपदेश सदा उनके कानों में गूंजते रहते थे–'ईश्वर उसकी मदद करता है, जो कर्म और कर्त्तव्य की राह से कभी भटकता नहीं।'

आकाश में उड़ते वायुयान को देखकर स्वयं उड़ने की इच्छा संजोए कलाम की बचपन से एक ही इच्छा थी-पायलट के रूप में वायु सेना में जाना। हिन्दुस्तान एयरोनॉटिक्स लिमिटेड (ए.एच.एल.) से वैमानिकी इंजीनियरिंग की पढ़ाई पूरी करने के बाद उन्हें दो जगह नौकरी के अवसर मिले। एक इंटरव्यू वायुसेना, देहरादून का था और दूसरा 'तकनीकी विकास एवं उत्पादन निदेशालय' (डी. टी.डी. पी. एयर) रक्षा मंत्रालय (दिल्ली) में मिला। तमिलनाडु से देहरादून की यात्रा काफी लंबी थी-भौगोलिक दृष्टि से ही नहीं, बल्कि उनके जन्म-स्थल से लेकर हिमालय की पहाड़ियों में विशेष क्षेत्र तक की दूरी तय करने की यात्रा थी। सबसे पहले वे डी.टी.डी.पी. में साक्षात्कार दिया। चूंकि कलाम आत्मविश्वास से भरे थे, इसलिए इंटरव्यू भी आसान रहा। दिल्ली में एक सप्ताह बिताकर वे वायुसेना चयन बोर्ड में साक्षात्कार देने के लिए देहरादून गए। उस समय कलाम अपनी उम्र के 20वें दशक के आरंभ में ही थे। साक्षात्कार के बाद परिणाम घोषित हुए तो सूची में कलाम का नाम 9वें क्रमांक पर था, जबकि चयन केवल 8 का ही होना था। पायलट परीक्षा के परिणामों ने कलाम के सारे सपनों को क्षणमात्र में धूलधूसरित कर दिया। कलाम निराशाओं के बवंडर में फंस गए। ऐसी स्थिति में अपने दिमाग को शांत करने के लिए उन्होंने सफर पर जाने का फैसला किया और मन में भविष्य के तमाम सवालात लिए ऋषिकेश की यात्रा पर पैदल ही चल दिए।

ऋषिकेश में, जहां साधुओं की मंडली ने मानो उनके अंतर्मन को एक नई प्रेरणा दी। यहां गंगा में स्नान करने के बाद वे स्वर्गाश्रम की सैर को निकल पड़े। बचपन में डॉ. कलाम ने पढ़ रखा था कि साधु आत्मिक व्यक्ति होते हैं। वे अंतर्ज्ञान से सबकुछ जान लेते हैं। स्वर्गाश्रम में जगतकल्याणी मां गंगा की पवित्रता, वहां का आध्यात्मिक वातावरण, भगवान बुद्ध की तरह दिखने वाले पूज्य स्वामी शिवानन्द की दिव्य दृष्टि, मनमोहक मुस्कान, सम्मोहक चेहरे तथा उनके कृपालु भाव को देखकर कलाम प्रभावित हुए बिना न रह सके और उन्हें अपनी असफलता के बारे में बता दिया।

डॉ. कलाम की बात सुनकर स्वामी जी मुस्कराए और बड़े सहज भाव से उनकी आंखों में झांकने लगे, मानो मौन उपदेश दे रहे हों।

कुछ रुककर स्वामी शिवानन्द बोले–'अपनी नियति स्वीकार करो अब्दुल कलाम! अपना जीवन संवारो! नियति को यह स्वीकार नहीं है कि तुम पायलट बनो। नियति तुम्हें कुछ और ही बनाना चाहती है। ब्रह्मांडीय चेतना, चुंबकीय ऊर्जा और अंतरात्मा का संबंध परमेश्वर से होता है। वह जो कुछ करता है; जो कुछ करेगा, उसी में मानव का हित निहित है। जाओ और फिर से नई मंजिल की खोज करो।' इसके अतिरिक्त उन्होंने आध्यात्मिक प्रवचन द्वारा उनके विचलित मन-मस्तिष्क को शांत किया और श्रीमद्‌भागवतगीता के संदेश द्वारा उन्हें नये सिरे से कर्मपथ पर अग्रसर किया।

स्वामी शिवानन्द के उपदेश ने उन्हें यह सिखा दिया कि ईश्वरीय कृपा से ही मानव जीवन को आनन्द की प्राप्ति होती है। पृथ्वी पर ईश्वरीय जीवन के दो तत्त्व हैं-प्रसन्नता और आनन्द। मनुष्य को स्वयं से पूछना चाहिए कि मानव चेतना की भूमिका उसके स्वयं के जीवन में क्या है?

7. समर्पण का प्रण

शिखर पर पहुंचकर डॉ. अब्दुल कलाम ने सम्पूर्ण विश्व के समक्ष यह सिद्ध कर दिया कि जीवन में सफलता प्राप्त करने के लिए किसी जादुई छड़ी की अपेक्षा शांत मन से कठोर परिश्रम, लगन और दृढ़ इच्छाशक्ति के बल पर अपने उद्देश्य को पूरा करने की आवश्यकता है। अपनी जीवन गाथा में डॉ. कलाम ने लिखा है–'मैंने वस्तुओं एवं घटनाओं को उसी प्रकार से लेना प्रारम्भ किया था, जिस प्रकार से वे मेरे जीवन में आईं। न तो एम.जी.के. मेनन बंगलौर दौरे पर हमारे यहां आते और न ही मुझे इंडियन कमेटी फॉर रिसर्च की ओर से रॉकेट इंजीनियर के पद के लिए मुंबई बुलाया जाता।' मुंबई की अंतरिक्ष अनुसंधान समिति में काम करना डॉ. अब्दुल कलाम के जीवन की एक नई शुरुआत थी।

डॉ. कलाम विक्रम साराभाई से पहली बार तब मिले थे, जब उन्हें साक्षात्कार के लिए 'इन्कोस्पार' (INCOSPAR) में रॉकेट इंजीनियर के पद हेतु बुलाया गया था। वह आमंत्रण उन्हें अचानक ही मिला था। 'टाटा इंस्टीट्यूट ऑफ फंडामेंटल रिसर्च' (टी.आई.एफ.आर.) के प्रो. एम.जी.के. मेनन ने 'नंदी हॉवरक्राफ्ट' पर किए गए कलाम के काम को देखा था। अतः इस साक्षात्कार में क्या पूछा जाएगा, उसका अंदाजा कलाम को हो गया था। परंतु इसका अंदाजा नहीं था कि उनकी किस योग्यता को परखा जाना था। कलाम मुंबई पहुंचे इस विचार के साथ कि मुझे इस साक्षात्कार से ज्यादा उम्मीदें नहीं रखनी हैं। ज़िंदगी से उन्होंने सीखा था कि हमें अपना दिमाग हमेशा खुला रखना चाहिए तथा शांत भाव से कार्य में रम जाना चाहिए।

कलाम का साक्षात्कार डॉ. विक्रम साराभाई, प्रो. मेनन तथा परमाणु ऊर्जा आयोग में उप-सचिव पद पर कार्यरत श्री श्राफ ने लिया। वे सभी वैज्ञानिक विषयों के माहिर थे, सब ज्ञान के भंडार थे। कलाम ने उस कमरे में एक अलग तरह की गर्मजोशी व शालीनता महसूस की। इस साक्षात्कार ने कलाम तथा डॉ. विक्रम साराभाई के बीच भावी संबंधों की नींव रखी। साराभाई ने कलाम के बारे में पूरा विश्लेषण कर लिया था। कलाम के जीवन के विभिन्न विषयों, जैसे कलाम के

ज्ञान की जानकारी से लेकर उनके व्यक्तित्व तथा उनके जीवन के लक्ष्यों के बारे में जानकारी प्राप्त की थी। कलाम के जीवन में विकास की क्या सीमाएं हैं, न केवल व्यापारिक विषयों से संबंधित, बल्कि एक सफल मनुष्य के बारे में भी जानकारी ले ली थी। वे प्रोत्साहित करने वाले तथा मधुरभाषी थे और कलाम की बातों को ध्यान से सुन रहे थे। कलाम ने अपनी जीवनी में लिखा भी है– 'मुझे ऐसा प्रतीत हो रहा था कि वे मेरा चयन एक इंजीनियर के लिए नहीं कर रहे हैं, बल्कि मेरी भावी सक्षमता व सामर्थ्य को देख रहे थे। वे अपना कीमती समय मेरे बारे में जानने के लिए लगा रहे थे। वे मेरा पूरा ख्याल रख रहे थे। यह मेरे प्रोफेशनल जीवन में पहला अनुभव था कि किसी महान् व्यक्ति ने मेरी सोच को तथा मेरे सपनों के बारे में जानने की कोशिश की, जो देश के अंतरिक्ष ज्ञान से संबंधित थे।

मैं 'इन्कोस्पार' में नियुक्त हो गया था। मेरे लिए वह ऐसा था, मानो मेरा सपना साकार हो गया हो। यह मेरे लिए बहुत बड़े पेशे की अच्छी शरुआत थी।'

कार्य क्षेत्र में आने के बाद कलाम ने उस संस्थान, उसके कार्य-स्तर तथा उससे संबंधित लोगों की जानकारी प्राप्त की। वे अपने पुराने कार्यालय से इस सस्थान की तुलना कर रहे थे, जो एकदम अलग था। यहां का माहौल तनावमुक्त था। यहां वरीयता तथा पदों में भेदभाव नहीं बरता जाता था। यहीं पर उन्हें विक्रम साराभाई के बारे में गहराई से जानने का मौका मिला था।

1962 के मध्य में, भारतीय अंतरिक्ष अनुसंधान समिति ने केरल के तिरुवनंतपुरम शहर के निकट थुम्बा नामक एक गांव में रॉकेट प्रक्षेपण केन्द्र के निर्माण का निश्चय किया। क्योंकि थुम्बा गांव पृथ्वी के चुम्बकीय अक्ष के सबसे निकट है, अतः रॉकेट प्रक्षेपण के लिए इसे चुना गया था। इस क्षेत्र में एक बड़ा चर्च भी स्थित है। इसके बारे में डॉ. कलाम ने कहा था कि रॉकेट प्रक्षेपण केन्द्र की स्थापना में उन्हें इस चर्च के बिशप फादर डॉ. परेरा का अपार सहयोग मिला, जिनकी वजह से इसी चर्च में थुम्बा अंतरिक्ष केन्द्र का प्रथम कार्यालय खोला जा सका। यहां काम करते हुए डॉ. कलाम को सदैव ईश्वरीय शक्ति की उपस्थिति का अनुभव होता रहा।

इस अस्थायी अंतरिक्ष केन्द्र में डॉ. कलाम सर्वप्रथम कम्प्यूटर प्रशिक्षण द्वारा कम्प्यूटर की तकनीकी बारीकियों से परिचित हुए। तत्पश्चात् रॉकेट प्रक्षेपण की अत्याधुनिक तकनीकियों का प्रशिक्षण लेने के लिए उन्हें संयुक्त राज्य अमेरिका की शीर्षस्थ अंतरिक्ष अनुसंधान संस्था 'नेशनल एयरोनॉटिक्स एंड स्पेस एडमिनिस्ट्रेशन' (नासा) भेजा गया।

अंतरिक्ष अनुसंधान के क्षेत्र में 'नासा' विश्व की सबसे बड़ी संस्था है। छः महीने के प्रशिक्षण में डॉ. कलाम ने वहां अनेक खट्टे-मीठे अनुभव प्राप्त किए। कलाम

का प्रशिक्षण वर्जीनिया राज्य के हैम्पटन शहर के पास लैंगले रिसर्च सेंटर से आरम्भ हुआ। यहां कार्य करने के बाद डॉ. कलाम को मेरीलैंड राज्य के ग्रीनबेल्ट स्थित गॉर्डड स्पेस फ्लाइट सेंटर भेज दिया गया, जहां उपग्रहों के विकास एवं निर्माण का कार्य होता है। इस प्रकार सभी तकनीकी अनुभवों को बटोरते हुए अंत में कलाम उस स्थान पर पहुंच गए, जो अमेरिकी रॉकेट कार्यक्रमों का मुख्य आधार था। वह महत्त्वूपर्ण स्थान है- वर्जीनिया के पूर्वी तट पर स्थित 'वैलप फ्लाइट फैसिलिटी'।

इस केन्द्र के स्वागत कक्ष में लगाई गई टीपू सुल्तान के सिपाहियों की एक पेंटिंग ने डॉ. कलाम को विशेष रूप से आकर्षित किया। इस पेंटिंग में युद्ध के एक दृश्य को चित्रित किया गया था, जिसमें कुछ रॉकेट उड़ते हुए दिखाए गए थे। संस्थान के अधिकारियों से पूछने पर डॉ. कलाम को बताया गया कि टीपू सुल्तान के सिपाही अंग्रेजी सेना पर रॉकेटों से आक्रमण कर रहे हैं। डॉ. अब्दुल कलाम को यह समझते देर नहीं लगी कि टीपू सुलतान ने अपने समय में ही ऐसे रॉकेटों का आविष्कार कर लिया था, जिनका प्रयोग आमने-सामने की लड़ाइयों में किया जाता था। पृथ्वी के दूसरे छोर पर भारतीय अतीत की उपलब्धि को देखकर डॉ. कलाम का हृदय प्रसन्नता से भर उठा और अतीत के रॉकेटों को देखकर वे आधुनिक रॉकेटों की कल्पना में खो गए।

प्रशिक्षण पूर्ण होने पर डॉ. कलाम भारत लौट आए। 21 नवंबर, 1963 को भारत का प्रथम रॉकेट 'नाइक अपाची' थुम्बा से छोड़ा गया। यह वही स्थान था, जहां डॉ. कलाम ने इस परियोजना को मूर्त रूप देने में महत्त्वपूर्ण भूमिका निभाई थी। यद्यपि आज इस स्थान पर भारतीय अंतरिक्ष संग्रहालय बना दिया गया है।

प्रथम रॉकेट के प्रक्षेपण से पूर्व का घटनाक्रम भी कम रोचक नहीं था। यह रॉकेट चर्च की इमारत से छोड़ा गया था। रॉकेट को एक ट्रक पर लादकर प्रक्षेपण स्थल तक ले जाया गया। फिर जिस क्रेन की सहायता से इसे उठाकर लांचर पर स्थापित करना था, उसमें कुछ खराबी आ गई। ऊपर उठने की अपेक्षा उसने नीचे की ओर झुकना आरम्भ कर दिया। निर्धारित समय पर रॉकेट प्रक्षेपण का उत्तरदायित्व डॉ. कलाम पर था। ऐसे समय में न तो क्रेन की मरम्मत की जा सकती थी और न ही कोई अन्य विकल्प ढूंढा जा सकता था। ऐसी विषम परिस्थिति में डॉ. कलाम ने धैर्य से काम लिया। उन्होंने बिना समय नष्ट किए अपने सहयोगियों की सहायता से रॉकेट को अपने कंधों पर उठा लिया और लांचर पर स्थापित कर दिया। इस प्रकार निर्धारित समय पर रॉकेट का सफलतापूर्वक प्रक्षेपण हुआ। जैसे ही रॉकेट ने आकाश की ऊंचाइयों को छुआ, वैसे ही डॉ. कलाम और उनकी टीम के सदस्य प्रसन्नता से भर उठे।

प्रक्षेपण के दूसरे दिन प्रो. विक्रम साराभाई ने उन्हें आगे की परियोजनाओं पर बातचीत करने के लिए बुलाया।

'नाइक अपाची' की सफलता के बाद प्रो. साराभाई अत्यंत उत्साहित थे और अपनी अगली सफलता के रूप में वे भारत के लिए स्वयं का उपग्रह बनाना चाहते थे। उन्होंने डॉ. कलाम और उनकी टीम के सदस्यों को अपनी योजना विस्तार से बताकर उनके मन में एक नया कार्य करने का उत्साह भर दिया। इसी बीच प्रो. साराभाई रॉकेट विकास के अन्य कार्यक्रमों की तैयारी में जुट गए। शीघ्र ही अहमदाबाद में भौतिक अनुसंधान प्रयोगशाला की स्थापना हुई तथा वैज्ञानिक उपकरणों के विकास के कार्यक्रम युद्ध गति से आरम्भ हो गए।

तत्पश्चात् भारत में सबसे पहले एक साउंडिंग रॉकेट बनाया गया। 'रोहिणी' नामक यह रॉकेट वायुमंडल में पृथ्वी के चारों ओर परिक्रमा करते हुए वातावरण के विषय में सूचनाएं देने का कार्य करता है।

इस प्रकार भारत में रॉकेट निर्माण कार्य आरम्भ हो गया। 'रोहिणी' के बाद 'मेनका' नामक रॉकेट का निर्माण किया गया। इस उपलब्धि का श्रेय भी डॉ. कलाम के कुशल नेतृत्व और उनकी टीम के अथक परिश्रम को जाता है। स्पष्ट है, डॉ. कलाम के समक्ष आने वाली चुनौतियां उनके उत्तरदायित्व और क्षमता को बढ़ाती चली गईं। अब तक जो भारतीय पे-लोड फ्रांस के रॉकेटों द्वारा छोड़े जाते थे, अब अपने ही रॉकेटों से छोड़े जाने लगे।

डॉ. कलाम की इन्हीं अभूतपूर्व उपलब्धियों के कारण उन्हें प्रो. साराभाई के बाद भारत के द्वितीय वरिष्ठ वैज्ञानिक के रूप में पहचाना जाने लगा।

डॉ. कलाम, पंडित नेहरु और प्रो. साराभाई के कथनों को दोहराते हुए कहते थे- 'यदि भारत के लोगों को विश्व के मानचित्र पर अपनी भूमिका दर्शानी है, तो उन्हें नवीन तकनीकों का प्रयोग करना चाहिए, तभी वे प्रगति के पथ पर अग्रसर हो सकते हैं।'

8. स्वदेशी रॉकेट का निर्माण

20 नवम्बर, 1967 को 'रोहिणी' रॉकेट छोड़ा गया। इसमें 32 कि.ग्रा. की एक ठोस मोटर लगी थी और 7 किलो ग्राम का पे-लोड-10 कि.मी. की ऊंचाई पर स्थापित करने के लिए लगाया गया था। इसके कुछ समय बाद एक और रॉकेट का प्रक्षेपण किया गया, जिसमें एक की जगह दो ठोस मोटरें लगी थीं तथा 7 कि.ग्रा. की अपेक्षा 100 कि.ग्रा. का पे-लोड-350 कि.मी. की ऊंचाई से छोड़ा गया था। इन रॉकेटों के निरंतर विकास ने जहां भारतीय वैज्ञानिकों में प्रगति का उन्माद भर दिया, वहीं भारत को भी अपनी मिसाइली ताकत पर विश्वास होने लगा था। धीरे-धीरे भारत साउंडिंग रॉकेटों और प्रणोदन इंजनों के मामले में आत्मनिर्भरता के पैमाने को छूता चला गया।

इस सफलता के बाद बारी आई भारत में रॉकेट निर्माण के लिए रॉटो (रॉकेट असिस्टेड टेक ऑफ सिस्टम) मोटर के निर्माण की। चूंकि प्रो. साराभाई के संरक्षण में इसका भी काम होना था। इसलिए वे इसका भी दायित्व डॉ. कलाम को सौंपना चाहते थे। इस संदर्भ में बातचीत करने के लिए प्रो. साराभाई ने डॉ. अब्दुल कलाम और वायुसेना के ग्रुप कमांडर वी.एस. नारायण को दिल्ली में मिलने को कहा। दिल्ली में निर्धारित समय पर डॉ. कलाम और वी.एस. नारायण की मुलाकात हुई।

प्रो. साराभाई ने रॉटो मोटर की आगामी परियोजना को इन दोनों के समक्ष रखा और उस रॉटो मोटर को दिखाने ले गए, जिसे रूस से वहां लाया गया था।

'यदि मैं आपको रूस से ऐसी कुछ मोटरें मंगवा दूं तो क्या आप ठीक वैसी ही मोटरें तैयार कर सकते हैं?' प्रो. साराभाई द्वारा रखे गए इस प्रस्ताव ने डॉ. कलाम और वी.एस. नारायण को सोचने तक का मौका नहीं दिया।

उत्तर में दोनों ने एक साथ 'हां' कर दी और फिर योजना के अनुसार डॉ. अब्दुल कलाम अपने साथियों सहित उस मोटर के निर्माण में जुट गए,

जिसके लिए निर्धारित समयावधि थी केवल डेढ़ वर्ष। प्रो. साराभाई ने इस नयी परियोजना से तत्कालीन प्रधानमंत्री इंदिरा गांधी को अवगत करवाया और फिर रॉटो मोटर के स्वदेशी निर्माण की घोषणा कर दी गई।

रॉटो की कार्यक्षमता

रॉटो मोटर एक विशेष प्रकार की मोटर होती है, जो न केवल शक्तिशाली होती है, बल्कि विषम परिस्थितियों में भी उड़ान भर सकती है। इस मोटर को वायुसेना के विमानों में लगाया जाता है। रॉटो का विशेष गुण यह है कि यह अधिक ऊर्जा उत्पन्न करने में सहायक सिद्ध होती है तथा आसमान में अधिक-से-अधिक ऊपर उठ सकती है। चूंकि वायुसेना के विमानों में बमबारी के कारण शीघ्र ही खराबी आने का खतरा रहता है और विषम परिस्थितियों में भी उन्हें खराब पट्टियों पर उतरना एवं उड़ान भरना पड़ता है, जिसका सामना करने में रॉटो सक्षम होती है। इस मोटर की शक्ति का अंदाजा इसी बात से लगाया जा सकता है कि यह अधिक-से-अधिक भार उठाकर अधिक-से-अधिक तापमानों में भी सफलतापूर्वक अपना कार्य कर सकती है।

उस समय भारत को वायुसेना के विमान एस-22 और एच एफ-24 के लिए भारी संख्या में रॉटो मोटरों की आवश्यकता थी। रूस की बनी मोटर का वजन 225 कि.ग्रा. था, जो 3000 कि.ग्रा. भार की वस्तु को 24,500 कि.ग्रा. की गति से सफलतापूर्वक ऊपर उठा सकती थी, जिसमें दोहरे प्रणोदन को जोड़ा गया था।

रूस की बनी इस रॉटो मोटर को देखने और समझने के बाद अब बारी थी स्वदेशी रॉटो मोटर के विकास की। इसलिए इसके विकास और निर्माण का कार्य भारतीय वायुसेना मुख्यालय के सहयोग से करने का विचार किया गया और जिसके निर्माण कार्य की जिम्मेदारी दी गई स्पेस साइंस एंड टेक्नोलॉजी सेंटर को। अब प्रश्न था वैज्ञानिक उपकरणों को बनाने का। इस उपकरण में कौन-सी धातुओं एवं मिश्रण को जोड़ा जाए, यह एक प्रमुख समस्या थी। इसके अतिरिक्त शक्तिशाली ईंधन और उसके प्रयोग आदि विषयों पर किस प्रकार काम किया जाए, आदि बातें अनुत्तरित थीं। अनेक शोध और अध्ययन के बाद अंततः डॉ. कलाम ने निश्चय किया कि यदि धातु के रूप में फाइबर ग्लास और ईंधन के रूप में कंपोजिंग प्रोपेलेंट का प्रयोग किया जाए तो बहुत हद तक सफलता मिल सकती है, क्योंकि फाइबर ग्लास और कंपोजिंग प्रोपेलेंट का प्रयोग सुरक्षा की दृष्टि से एक लम्बे समय तक किया जा सकता है।

इस परियोजना की रूपरेखा और संसाधनों के जुट जाने के पश्चात् कार्य

आरम्भ किया गया। इसी बीच दो अन्य कार्य भी आरम्भ हो गए। पहला, अंतरिक्ष अनुसंधान की कार्य प्रणालियों से संबद्ध था और दूसरा, उपग्रह को पृथ्वी की कक्षा में स्थापित करने से-अर्थात् सेटेलाइट लांचिंग व्हिकल (एस.एल.वी.) के निर्माण का। प्रो. साराभाई जैसे दूरदर्शक वैज्ञानिक के लिए यह एक बहुत बड़ा सपना था, जिसे डॉ. कलाम की टीम सुनियोजित आकार देने में जुटी हुई थी। इसी बीच रक्षा विभाग में विभिन्न प्रकार की मिसाइलों के विकास के लिए एक पैनल गठित किया गया, जिसमें डॉ. कलाम और ग्रुप कैप्टन नारायण को सम्मिलित किया गया। अपने देश में मिसाइलें बनाने का यह प्रथम प्रयास इन भारतीय वैज्ञानिकों के समक्ष एक नई चुनौती थी। अंततः निरंतर शोधात्मक प्रयास रंग लाए और डॉ. कलाम विश्व मानचित्र पर 'मिसाइल मैन' के रूप में चमक उठे। मिसाइलों में विदेशों से आयातित जिन उपकरणों का प्रयोग होता था, अब वे भारत में ही बनने लगे।

इस प्रकार रॉटो के विकास की प्रक्रिया इतनी तीव्र गति से चली कि उसे निर्धारित समय-सीमा से पूर्व ही एक वर्ष में पूर्ण कर लिया गया। भारतीय रॉटो के निर्माण पर 17,000 रुपए की लागत आ रही थी, जबकि पहले यही मोटर विदेशों से 33,000 रुपए में खरीदनी पड़ती थी। अब डॉ. अब्दुल कलाम की सफलता की प्रशंसा अखबारों की सुर्खियां बनने लगी थीं और उन्होंने इस बात को सिद्ध करके दिखा दिया था कि जीतने वाले जो कुछ भी करते हैं, कुछ अलग ढंग से करते हैं, और यही अलग ढंग उनकी सफलता का मूल मंत्र बन जाता है।

इच्छाएं, आस्थाएं और आकांक्षाएं-अब्दुल कलाम के व्यक्तित्व में सम्मिलित हो चुकी थीं। वे जान चुके थे कि किसी वस्तु को पाने के लिए तीव्र इच्छाशक्ति की आवश्यकता होती है। डॉ. कलाम कहते थे-'बचपन से ही मैं पक्षियों को आकाश में उड़ते देखकर हमेशा उनके उड़ने के रहस्यों के प्रति आकर्षित रहा। सोचता था, कैसे उड़ते हैं ये पक्षी? क्या मैं भी उड़ सकता हूं? यदि कभी मैं उड़ पाया तो कैसा होगा वह दिन? मेरी इसी तीव्र अभिलाषा और आशा का परिणाम है कि मैं ऊंची उड़ान के रहस्यों को समझ सका।' कलाम की इसी तीव्र अभिलाषा ने न केवल उन्हें उड़ान की तकनीकियों से जोड़ा, बल्कि एक महान आविष्कारक और एक प्रसिद्ध वैज्ञानिक बना दिया।

अंतरिक्ष में नया प्रयोग

1969 तक अंतरिक्ष तकनीकी से होने वाले लाभों को देखते हुए प्रो. विक्रम साराभाई एस.एल.वी. अर्थात् उपग्रह प्रक्षेपण यानों के विकास में निरंतर प्रयत्न

करते रहे। इसके लिए उन्होंने उन स्थानों का दौरा भी आरम्भ कर दिया था, जहां से संभावित प्रक्षेपण किया जा सकता हो। प्रो. साराभाई का ध्यान पूर्वी तटीय क्षेत्रों पर अधिक था, जिससे कि पृथ्वी के पश्चिम से पूर्व की ओर घूर्णन का, प्रक्षेपण यानों को भरपूर सहयोग मिल सके। इसी उद्देश्य को मूर्त रूप देने के लिए 'इंडियन रॉकेट सोसाइटी' का गठन किया गया, जिससे कि इससे संबंधित व्यक्तियों को एक ही स्थान पर एकत्रित किया जा सके।

इसके तत्काल बाद रक्षा मंत्रालय के अंतर्गत कार्य कर रही एक सलाहकार संस्था का पुनर्गठन किया गया। इसके लिए परमाणु ऊर्जा आयोग के अधीन कार्य करने के लिए भारतीय अंतरिक्ष अनुसंधान संगठन (इसरो) का गठन किया गया। इसरो को अंतरिक्ष विज्ञान के क्षेत्र में शोध की जिम्मेदारी सौंपी गई। पूरी योजना को चार चरणों में विभाजित कर प्रत्येक चरण के लिए एक-एक वैज्ञानिक की नियुक्ति की गई। इसमें चौथे चरण के अंतर्गत डिजाइन तैयार करने का उत्तरदायित्व डॉ. कलाम के कंधों पर था। यहां यह बता देना आवश्यक है कि डॉ. कलाम को चौथे चरण में एक संयुक्त ढांचा अर्थात् कंपोजिट स्ट्रक्चर तैयार करना था। यद्यपि डॉ. कलाम को प्रो. साराभाई का पूर्ण सहयोग प्राप्त था, तथापि यह कलाम की अग्नि परीक्षा भी थी।

डॉ. कलाम ने अपनी योग्यता और अनुभवों को इसके कार्यान्वयन में लगा दिया, जिसका परिणाम यह हुआ कि यह ढांचा निर्धारित समय से पूर्व ही तैयार हो गया, जबकि शेष तीन चरणों के काम को पूरा होने में 5 साल और लग गए। इस प्रकार डॉ. कलाम ने यह सिद्ध कर दिया कि जीवन में परिश्रम और अनुशासन से किए गए कार्य न सिर्फ समय से पूर्व सम्पन्न होते हैं, बल्कि श्रेष्ठ भी होते हैं।

अंततः 1968 तक थुम्बा में विमान के सभी भागों को तैयार करने की क्षमता विकसित की जा चुकी थी। इसी बीच प्रो. साराभाई थुम्बा पहुंचे, जहां उन्हें रॉकेट के अग्र भाग को विस्फोट द्वारा समूचे ढांचे से अलग करने की प्रणाली का संचालन करके दिखाना था। डॉ. कलाम ने प्रो. विक्रम साराभाई से अनुरोध किया कि वे बटन दबाकर तापीय प्रणाली का औपचारिक रूप से उद्घाटन करें।

प्रो. साराभाई ने बटन दबाया, किन्तु मशीन नहीं चली। कुछ क्षणों के लिए वहां उपस्थित सभी वैज्ञानिकों को मानो सांप सूंघ गया। तभी डॉ. कलाम ने विचार किया कि यदि टाइमर को हटाकर सीधे सर्किट से जोड़ दिया जाए तो मशीन चल सकती है। उन्होंने जैसे ही इस युक्ति को आजमाया, वैसे ही मशीन की घनघनाहट के साथ तापीय प्रणाली शुरू हो गई। डॉ. कलाम और उनकी टीम की उपलब्धि से प्रो. साराभाई खुश तो हुए, किन्तु इस घटना से

सीख लेकर उन्होंने तत्काल एक 'रॉकेट इंजीनियरिंग विभाग' बनाने का निश्चय किया, ताकि अचानक होने वाली इन गड़बड़ियों को इस प्रयोगशाला के माध्यम से दूर किया जा सके।

प्रो. साराभाई का मानना था कि गलतियां हमें स्वयं को सुधारने का अवसर देती हैं, जिन्हें यदि तत्काल दूर न किया जाए तो हम झटके से नीचे गिर सकते हैं। वास्तव में यदि गलतियों का अनुमान पहले ही लगा लिया जाता तो टाइमर में आई गड़बड़ी से बचा जा सकता था।

भविष्य में फिर ऐसी गलतियां न हों, इसके लिए मिसाइल पैनल की नियमित बैठक होने लगी। डॉ. कलाम इस बैठक की सम्पूर्ण जानकारी प्रायः प्रो. साराभाई को दिया करते थे। 30 दिसम्बर, 1971 को भी उन्होंने प्रो. साराभाई को इस मीटिंग की जानकारी दी थी। डॉ. कलाम उस समय थुम्बा में थे। इसी संदर्भ में कुछ विशेष बातचीत करने के लिए प्रो. साराभाई ने डॉ. कलाम को निर्देश दिया कि वे उनसे त्रिवेन्द्रम हवाई अड्डे पर मिलें, क्योंकि वे दिल्ली से मुंबई की यात्रा पर थे। किन्तु नियति को शायद यह स्वीकार नहीं था। डॉ. कलाम से बातचीत करने के कुछ ही घंटों बाद दिल का दौरा पड़ने से प्रो. साराभाई का निधन हो गया। इस अप्रत्याशित घटना ने जहां डॉ. कलाम को झकझोर कर रख दिया, वहीं देश ने भारतीय विज्ञान जगत के पितामह को सदा के लिए खो दिया। वह व्यक्ति, जिसने देश के विकास के लिए वैज्ञानिकों एवं इंजीनियरों को तैयार किया था जो सबसे महत्त्वपूर्ण पदों पर आसीन होकर अपनी जिम्मेदारी निभा रहे थे; वह महान व्यक्ति, जो एक श्रेष्ठ वैज्ञानिक और बेहतरीन नेतृत्वकर्ता था, बिना किसी संदेश के अचानक अनंत यात्रा पर चले गए थे।

9. एस.एल.वी-3 परियोजना

इतिहास को रिक्तता से शत्रुता है, क्योंकि सही अर्थों में इतिहास सिर्फ पढ़ने का ही नहीं, अपितु जीने का और जीते हुए कुछ कर दिखाने का भी क्षेत्र है। प्रो. साराभाई के देहांत के बाद प्रो. सतीश धवन 'इसरो' के अध्यक्ष बनाए गए। थुम्बा परिसर में चल रहे सभी संस्थानों-'स्पेस साइंस एंड टेक्नोलॉजी सेंटर', 'रॉकेट प्रोपेलेंट प्लांट', 'रॉकेट फैब्रीकेशन फैसिलिटी' और 'द प्रोपेलैंट फ्यूल कॉम्प्लेक्स' को एक साथ संगठित करके एक सम्पूर्ण अंतरिक्ष केन्द्र का रूप दे दिया गया और उसे 'विक्रम साराभाई स्पेस सेंटर' नाम दिया गया। प्रसिद्ध धातु विज्ञानी डॉ. ब्रह्मप्रकाश को इस सेंटर का निदेशक नियुक्त किया गया।

'विक्रम साराभाई स्पेस सेंटर' में एस.एल.वी. परियोजना पर पूरे जोर-शोर से काम चल रहा था। सभी उप प्रणालियां विकसित कर ली गई थीं। आवश्यकता थी तो केवल आपसी तालमेल की। परियोजना को प्रभावशाली ढंग से चलाने के लिए प्रो. धवन ने डॉ. कलाम का चयन किया। इससे कलाम जहां बड़े उत्साहित हुए, वहीं इस बात से थोड़ा चिंतित भी हुए कि एक से एक वरिष्ठ वैज्ञानिकों के बीच में वे अपने कर्त्तव्य को कैसे अंजाम देंगे?

डॉ. कलाम के स्वभाव में सदा से यह सम्मिलित रहा कि उन्होंने अपने कार्य निष्पादन का श्रेय स्वयं न लेकर अपने साथ जुड़े समस्त वरिष्ठ तथा कर्त्तव्यनिष्ठ सहयोगियों को दिया। काम को ही ईश्वर की पूजा समझकर उसमें डूबे रहना उन्हें अच्छा लगता था। इसी विशेषता के कारण वे अपने सहयोगियों के चहेते बने रहे।

अपने कार्य के प्रति उनकी समर्पण भावना उनकी जीवन गाथा से स्पष्ट होती है। वे कहते थे-'काम के समय मैं कठिनाइयों और आलोचनाओं को भूलकर ठीक उसी प्रकार प्रयोगशाला जाया करता था, जिस प्रकार मेरे पिता जूते उतारकर मस्जिद में जाते थे।'

उन्होंने अपनी पुस्तक 'विंग्स ऑफ फायर' में एस.एल.वी. निर्माण यात्रा का

विश्लेषण किया है। यह कई कारणों से अत्यधिक जटिल यात्रा थी। जब एक परियोजना विकसित होती है, तब लगातार कठिनाइयां आती हैं।

एस.एल.वी. की समग्र योजना को साढ़े पांच साल के भीतर पूरा करना था। इस काम को पूरा करने के लिए डॉ. कलाम ने इसे तीन भागों में विभक्त किया। यद्यपि इस दौरान उन्हें अनेक कठिनाइयों का सामना करना पड़ा, किन्तु इस पर तनिक भी ध्यान दिए बिना वे धैर्यपूर्वक अपने कार्य में जुटे रहे, जिसका सबक उन्होंने अपने पिता से सीखा था। वे सदा कहते थे कि-'ईश्वर किसी-न-किसी माध्यम से इंसान की परीक्षा लेते हैं, ऐसी परिस्थितियों में धैर्य सफलता की पहली सीढ़ी होता है।'

डॉ. कलाम द्वारा बांटे गए तीन कार्यों में पहला प्रबंधन, देखरेख और रखरखाव से जुड़ा था तो दूसरा, प्लांट की तकनीकी बारीकियों से जुड़ा था और तीसरा महत्त्वपूर्ण कार्य उप-प्रणालियों को विकसित करने से संबद्ध था। वहां उन्हें कुछ इंजीनियरों, जैसे-माधवन नायर, वेद प्रकाश संडलास, एस. श्रीनिवासन, एम. एस. आर. देव, सुंदरराजन, यू. एस. सिंह, अब्दुल मजीद, शशि कुमार तथा नम्बूदरी आदि का सहयोग बढ़-चढ़कर मिला। हंसमुख वातावरण और एक-दूसरे की प्रशंसा की प्रवृत्ति ने चुनौती का सामना करने के लिए सभी इंजीनियरों को एक सूत्र में बांध दिया था।

डॉ. कलाम ब्रह्म मुहूर्त में उठ जाते थे। सुबह की सैर से निवृत्त होने के बाद दिनभर के कार्यक्रमों की रूपरेखा तैयार करना उनकी दिनचर्या का एक हिस्सा बन गया था। उनका सदा यह प्रयास रहता था कि एक दिन में दो अथवा तीन कार्यों का निबटारा अवश्य कर लिया जाए। इसके लिए वे प्रतिदिन सबसे पहले उन कार्यों को करते थे, जिन्हें शीघ्रता से निबटाया जा सकता था। इसके बाद अधूरे पड़े कामों पर ध्यान बंटाते थे और फिर अंत में महत्त्वपूर्ण कामों को निबटाने में लग जाते थे।

एस.एल.वी.-3 के डिजाइन के दौरान लगभग 250 उप भाग और 40 बड़ी उप-प्रणालियां तैयार की गईं। वस्तुओं की सूची में छोटे-बड़े पार्ट्स को मिलाकर 10 लाख से भी अधिक वस्तुओं की आवश्यकता थी। अतः निजी कम्पनियों के उत्पादों को महत्त्व दिया गया। निजी कंपनियों को पार्ट्स बनाने की जिम्मेदारी इसलिए सौंपी गई, ताकि कम्पनियों की तकनीक में क्रमशः विकास होता जाए, साथ ही भारतीय उद्यमियों की इसमें रुचि भी बढ़े।

अभी एस.एल.वी पर काम के साथ-साथ डी.आर.डी.ओ. में जमीन से हवा में मार करने वाली मिसाइल पर काम चल ही रहा था कि रॉटो मोटर के निर्माण की योजना बंद कर दी गई, क्योंकि विदेशों से जो विमान भारत में आए थे, उनमें रॉटो मोटर की आवश्यकता ही नहीं थी। अब इसके स्थान पर 'डेविल' नामक

एक अन्य परियोजना 1972 में आरम्भ की गई, जिसके अंतर्गत जमीन से हवा में मार करने वाली मिसाइलें तैयार करने के लिए स्वदेशी तकनीकी को बढ़ावा देना था। डॉ. कलाम को इस टीम में रॉकेट वैज्ञानिक का पदभार सौंपा गया।

एस.एल.वी.-3 : एक जानकारी

एस.एल.वी. का जो भाग नियंत्रण एवं मार्गदर्शन संबंधी प्रणालियों को संचालित करता है, उसकी परिकल्पना किसी मानव के मस्तिष्क से कम नहीं होती। विमान का यह मस्तिष्क इलेक्ट्रॉनिक प्रणालियों से युक्त होता है। मानव के आकार की उसकी भुजाएं प्रणोदन के रूप में होती हैं, जिसके निर्माण में लाए गए पदार्थ धातु अथवा अधातु के होते हैं। जैसे-स्टेनलैस स्टील, एल्युमीनियम, मैग्नीशियम, टाइटेनियम, बेरिलियम टंगस्टन आदि। इसके अतिरिक्त कुछ मिश्रणों का ऐसा संघटित रूप होता है, जो एक-दूसरे से भिन्न होने के कारण घुलनशील नहीं होते। कुछ पदार्थ कार्बनिक अथवा अकार्बनिक हो सकते हैं, जबकि कुछ पदार्थों की संरचना असीमित होती है। प्लास्टिक के सम्मिश्रण को मजबूती प्रदान करने के लिए डॉ. कलाम ने अपने प्रयोगों में अनेक प्रकार के कांच के टुकड़ों का प्रयोग किया। एस.एल.वी. में एक जटिल करंट को स्थापित किया जाता है, जो इसके यांत्रिकी ढांचे को शक्ति प्रदान करता है। यही शक्ति विमान की गति बढ़ाती है। वैमानिकी प्रणालियों में डिजिटल इलेक्ट्रॉनिक्स, माइक्रोवेव रडार तथा ट्रांसपोंडर आदि पर पहले से काम चल रहा था। इसी बीच एस.एल.वी. में दबाव, प्रणोदन, स्पंदन आदि भौतिक अवस्थाओं को मापने का काम शुरू कर दिया गया।

विमान के भौतिक मापों को विद्युतीय संकेतों में परिवर्तित किया जाता है। इसके बाद इस पर लगी दूरमापीय प्रणाली इसके संकेतों को ग्रहण करके रेडियो तरंगों के रूप में पृथ्वी पर भेजती है। इन प्रणालियों में यदि कुछ गड़बड़ी हो जाए तो विमान को तत्काल नष्ट कर दिया जाता है। इसलिए इसमें अधिक-से-अधिक सुरक्षा सुनिश्चित करने के लिए एक दूरनियंत्रक प्रणाली विकसित की गई, जिससे कि गड़बड़ी की स्थिति में इसे रॉकेट से नष्ट किया जा सके। इस प्रणाली का नाम रखा गया 'इंटरफैरो मीटर'। इस प्रकार डॉ. कलाम ने अर्ल नाइटिंगैल के इस कथन को सिद्ध करके दिखा दिया कि 'मूल्यवान लक्ष्य की प्राप्ति का नाम ही सफलता है। सफलता एक सफर है मंजिल नहीं। एक लक्ष्य पाने के बाद हमारे सामने दूसरा लक्ष्य होता है, फिर तीसरा, फिर चौथा....।'

सफलता का प्रथम सोपान

एस.एल.वी. परियोजना का अंतिम चरण लगभग पूरा हो गया था। डॉ. कलाम इस परियोजना को अतिशीघ्र पूरा करने के लिए कृतसंकल्प थे। कार्यप्रणालियों को तीन श्रेणियों में बांटा गया था-जिनमें 1975 तक साउंडिंग रॉकेटों द्वारा जहां सभी उप प्रणालियों का विकास कर उन्हें उड़ान के योग्य बनाने का काम चल रहा था, वहीं 1976 में उप कक्षीय उड़ान तथा 1978 में एस.एल.वी. की अंतिम उड़ान की जानी थी।

अभी पहले चरण का काम चल ही रहा था कि रामेश्वरम् से डॉ. कलाम को सूचना मिली कि उनके पथ प्रदर्शक, मित्र और बहनोई जलालुद्दीन का आकस्मिक निधन हो गया है। बहनोई के निधन के शोक से अभी कलाम उबर भी नहीं पाए थे कि कुछ समय बाद उनके वयोवृद्ध पिता ने भी दुनिया छोड़ दी। इन घटनाओं ने कलाम को अंदर तक झकझोर दिया। इन्हीं दिनों फ्रांस में विकसित हो रहे एक भारतीय रॉकेट के उड़ान परीक्षण के लिए डॉ. कलाम को फ्रांस जाना था, लेकिन उसी समय उनकी माता भी चल बसीं। जब वे माता की शांति प्रार्थना करने पहुंचे तो उन्हें ऐसा महसूस हुआ, मानो उनके पिता उनसे कह रहे हैं–'मैंने तुम्हारी माता को जो भी जिम्मेदारियां दी थीं, उसने उन्हें ईमानदारी से पूरा किया। तुम उसका शोक मत करो और अपने काम पर ध्यान दो।' इस अदृश्य अहसास ने डॉ. कलाम को पुनः खड़ा कर दिया। अब मार्गदर्शक भी वे स्वयं थे और उस मार्ग पर चलने वाले भी।

माता की अंतिम विदाई के बाद डॉ. कलाम दूसरे दिन थुम्बा पहुंच गए। भावनात्मक रूप से पूरी तरह टूट चुकने के बाद भी उनके पास अधूरे पड़े कार्यों को पूरा करने की प्रतिबद्धता थी।

थुम्बा पहुंचने पर विक्रम साराभाई स्पेस सेंटर के निदेशक डॉ. ब्रह्मप्रकाश ने उन्हें सूचना दी कि रॉकेट विज्ञान के महारथी जर्मन वैज्ञानिक डॉ. वर्नर वान ब्राउन भारत पहुंच रहे हैं। डॉ. वर्नर वान ब्राउन की गिनती प्रथम श्रेणी के उन वैज्ञानिकों में होती थी, जिन्होंने वी-II मिसाइलें तैयार की थीं, जिनकी सहायता से हिटलर ने लंदन में हमला करके तबाही मचाई थी। यद्यपि युद्ध के अंतिम चरण में डॉ. वर्नर वान ब्राउन को मित्र देशों ने बंदी बना लिया था, किन्तु बाद में उनके काम को देखते हुए उन्हें नासा में रॉकेट कार्यक्रम में बड़ी जिम्मेदारी सौंपी गई। इसके बाद डॉ. वान ब्राउन ने अमेरिकी सेना के लिए आई.आर.बी.एम. नामक मिसाइल तैयार की थी, जिसकी क्षमता 3000 कि.मी. तक मार करने की थी।

डॉ. वर्नर का भारत आना एक बहुत बड़ी घटना थी, क्योंकि रॉकेट विज्ञान के क्षेत्र में उनकी दूसरी महत्त्वपूर्ण उपलब्धि थी 'सैटर्न' नामक रॉकेट। यह वही

सुप्रसिद्ध रॉकेट था, जिस पर चढ़कर पहला अमेरिकी मनुष्य चांद पर पहुंचा था। इन महत्त्वपूर्ण उपलब्धियों के कारण ही डॉ. वर्नर न सिर्फ अमेरिका, बल्कि विश्व में पहचाने जाते थे।

रॉकेट की दुनिया के इस महत्त्वपूर्ण व्यक्ति के भारत आगमन की सूचना से भारतीय रॉकेट वैज्ञानिकों में काफी उत्साह था। उन्हें चेन्नई हवाई अड्डे से थुम्बा लाने की जिम्मेदारी डॉ. कलाम को सौंपी गई।

अपनी इस यात्रा का वर्णन करते हुए डॉ. कलाम कहते थे कि उन्होंने यह कल्पना तक नहीं की थी कि वे इतने विनम्र होंगे। जहां उनमें ग्रहणशीलता के गुण थे, वहीं उनकी सबसे बड़ी विशेषता यह थी कि वे नए वैज्ञानिकों को प्रोत्साहन देने से नहीं चूकते थे। डॉ. वर्नर के पूछने पर डॉ. कलाम ने उन्हें एस.एल.वी. की लम्बाई तथा व्यास का अनुपात बताया तो उन्होंने डॉ. कलाम को सावधान करते हुए कहा कि-'इससे एयरो इलेक्ट्रिक संबंधी समस्याएं खड़ी हो सकती हैं।'

अंततः डॉ. वान ब्राउन जैसे अनुभवशील व्यक्ति की यह बात सही भी निकली। 1979 में छः सदस्यों की एक टीम उड़ान का रूपांतर तैयार करने में जुटी हुई थी। परीक्षण से 15 मिनट पूर्व यह पता चला कि 12 वाल्वों में से एक में कुछ गड़बड़ी आ गई है। परीक्षण स्थल पर पहुंचकर आगे कोई कार्यवाही की जाती, तब तक लाल धुएं वाले नाइट्रिक अम्ल का टैंक फट चुका था। इस अम्ल के गिरने से टीम के कई सदस्य गंभीर रूप से जल गए। उन्हें शीघ्र ही अस्पताल में भर्ती करवाया गया। इस असफलता से डॉ. कलाम और उनकी टीम के सदस्यों को गहरा धक्का लगा,किन्तु इसके बाद भी कार्य में प्रगति होती रही।

स्थिति सामान्य होने के कुछ समय बाद 10 अगस्त, 1979 को एस.एल.वी. की पहली प्रायोगिक उड़ान सुबह 7:58 पर हुई। जिसका प्रक्षेपण श्रीहरिकोटा से किया गया। इस प्रक्षेपण का पहला चरण सफल रहा। फिर अभी इसे दूसरे चरण में परिवर्तित होना ही था कि वह नियंत्रण से बाहर हो गया। 317 सेकेंड के बाद ही उड़ान बंद हो गई और विमान श्रीहरिकोटा से लगभग 525 किलोमीटर दूर समुद्र में गिर गया।

इस घटना ने रॉकेट जगत् के विज्ञान पर अनेक सवालिया निशान खड़े कर दिए। इस बार भी डॉ. कलाम और उनके सहयोगियों को असफलता का सामना करना पड़ा था। लगातार असफलता के कारण डॉ. कलाम अधिक निराश हो चुके थे। निराशा के इन क्षणों में डॉ. ब्रह्मप्रकाश ने उन्हें ढाढ़स देते हुए कहा कि-'यह असफलता केवल तुम्हारी ही नहीं, बल्कि उन सभी लोगों की भी है, जो तुम्हारे

साथ, तुम्हारी गतिविधियों में सम्मिलित थे।' यह कहकर उन्होंने डॉ. कलाम के समक्ष उन सभी लोगों को खड़ा कर दिया, जो एस.एल.वी. परियोजना से जुड़े हुए थे।

अब बारी थी असफलता के कारणों का विश्लेषण करने की। जांच दल की कार्यवाही के दौरान वैज्ञानिकों की टीम ने पाया कि ऑक्सीडाइजर का काम करने वाला नाइट्रिक अम्ल यंत्र से बाहर हो गया था, साथ ही टैंक का एक वाल्व भी खुला रह गया था। इस घटना की पूरी जिम्मेदारी अपने ऊपर लेते हुए डॉ. कलाम ने कहा–'अंतिम चरण की उलटी गिनती के दौरान नाइट्रिक अम्ल के रिसाव को देखने की जिम्मेदारी मेरी थी, इसलिए दोषी मैं ही हूं।' उनके यह कहते ही पूरे हॉल में सन्नाटा छा गया।

इस घटना के दो महीने बाद नवम्बर 1979 के प्रथम सप्ताह में डॉ. ब्रह्मप्रकाश सेवानिवृत्त हो गए। उनके सेवानिवृत्त होने के नौ महीने बाद श्रीहरिकोटा रेंज से 18 जुलाई, 1980 को प्रातः 8:03 पर एस.एल.वी. का दूसरा प्रक्षेपण हुआ। इस बार डॉ. कलाम हर दृष्टिकोण से सतर्क थे। यदि कहें कि यह प्रक्षेपण भारत के इतिहास में रॉकेट की पहली और सफल उड़ान सिद्ध हुई तो गलत नहीं होगा। प्रक्षेपण के दो मिनट बाद रॉकेट पृथ्वी की निचली कक्षा में स्थापित हो गया। इस सफलता के बाद डॉ. कलाम ने तत्काल समस्त स्टेशनों को सूचित किया कि–'सभी चरणों ने अभियान की आवश्यकताएं पूर्ण कर ली हैं। चौथे चरण के इंजन ने भी उपग्रह को कक्षा में प्रविष्टि के लिए गति दे दी है।' यह सुनते ही पूरे भारत में खुशियों की लहर दौड़ गई। इस प्रक्षेपण के बाद अब भारत उन चुनिंदा देशों की श्रेणी में सम्मिलित हो गया था, क्योंकि भारत के पास भी अब अपने प्रक्षेपण की क्षमता विकसित हो चुकी थी। संसद में भी इसका बड़े जोर-शोर से स्वागत हुआ। तत्कालीन प्रधानमंत्री श्रीमती इंदिरा गांधी ने सबको बधाई दी। अब भारत न केवल अंतरिक्ष की खोज के लिए कदम बढ़ा चुका था, बल्कि राष्ट्र के सपनों को हकीकत में बदलने और देश के विकास को गति देने की यह एक नई शुरुआत थी।

दूसरे दिन संसद भवन की एनेक्सी में विज्ञान एवं तकनीकी से संबंद्ध संसदीय समिति की बैठक हुई। प्रधानमंत्री ने एस.एल.वी.-3 की सफलता के बारे में सभी सदस्यों को बताया और डॉ. कलाम की सफलता की प्रशंसा की।

चूंकि अब एस.एल.वी.-3 परियोजना पूरी हो चुकी थी, अतः डॉ. कलाम ने इस परियोजना से अवकाश ले लिया। एस.एल.वी.-3 परियोजना सफलतापूर्वक पूरी हो जाने के बाद वी.एस.एस.सी. के संसाधनों को पुनर्गठित करने की बारी थी। डॉ. कलाम के अवकाश के बाद वेद प्रकाश संडलास एस.एल.वी.-3 परियोजना के निदेशक नियुक्त किए गए।

इस परियोजना का अगला लक्ष्य स्वयं में अनेक संभावनाओं को लिए हुए था। एस.एल.वी. को तकनीकी दृष्टि से अधिक मजबूत करना, पेलोड क्षमता को बढ़ाना, 9 कि.मी. ऊंची कक्षा में पहुंचने के लिए पी.एस.एल.वी. आदि के निर्माण की योजनाएं जोर-शोर से चलने लगीं। इन महत्त्वपूर्ण कार्यों के लिए डॉ. कलाम की आवश्यकता थी। अत: उन्हें एयरोस्पेस डायनेमिक्स एंड डिजाइन ग्रुप के निदेशक का कार्यभार सौंपा गया। डॉ. कलाम ने आगामी परियोजनाओं का विश्लेषण तैयार किया और मिसाइलों के प्रयोग के लिए दुनिया के विभिन्न प्रक्षेपण विमानों के तुलनात्मक अध्ययन में जुट गए। अंतत: उनके अथक परिश्रम ने यह सिद्ध कर दिखाया कि एस.एल.वी.-3 रॉकेट प्रणाली उपग्रह को 4000 कि.मी. ऊपर तक स्थापित कर सकती है। एस.एल.वी.-3 की अगली उड़ान एस.एल.वी.-3 डी के नाम से 31 मई, 1981 को सम्पन्न की गई। यह उड़ान भी सफल रही। डॉ. कलाम के लिए यह पहला अवसर था, जब उन्होंने नियंत्रण कक्ष से बाहर रहकर अर्थात् दर्शक दीर्घा से इस उड़ान को देखा था।

अब तक डॉ. कलाम का नाम भारत के उपलब्धि प्राप्त वैज्ञानिकों की श्रेणी में सम्मिलित हो चुका था। इस उपलब्धि के कारण वे अपने वरिष्ठ सहयोगियों के बीच ईर्ष्या के पात्र भी बन चुके थे, जिसे वे दूर करना चाहते थे। तभी उन्हें देहरादून की 'हाई ऑल्ट्रीट्यूड लैबोरटरी' में एस.एल.वी.-3 पर व्याख्यान देने के लिए आमंत्रित किया गया।

प्रसिद्ध परमाणु वैज्ञानिक तथा तत्कालीन रक्षा मंत्री के सलाहकार प्रो. राजा रमन्ना की अध्यक्षता में डॉ. कलाम ने एस.एल.वी.-3 पर धाराप्रवाह व्याख्यान दिया। व्याख्यान के बाद प्रो. रमन्ना ने डॉ. कलाम को चाय पर बुलाया और बिना किसी भूमिका के 'डिफेंस रिसर्च एंड डेवलपमेंट ऑर्गेनाइजेशन' (डी.आर.डी.ओ.) की जिम्मेदारी उन्हें सौंपने की बात की।

उन दिनों पोखरण में परमाणु बम के परीक्षण की परियोजना चल रही थी। डी.आर.डी.ओ. में किसी ऐसे अनुभवी व्यक्ति की आवश्यकता थी, जो पोखरण में परमाणु बम के परीक्षण कार्यक्रमों का सफलतापूर्वक नेतृत्व कर सके। डॉ. कलाम ने प्रो. रमन्ना के इस प्रस्ताव को सहर्ष स्वीकार कर लिया। इसके बाद प्रो. रमन्ना ने डॉ. कलाम को प्रो. धवन से मिलने के लिए कहा, ताकि वे उनके इसरो से डी.आर.डी.एल. में तबादले की औपचारिक रूपरेखा तैयार कर सकें।

डॉ. कलाम को लेकर भारतीय अंतरिक्ष अनुसंधान संगठन (इसरो) तथा रक्षा अनुसंधान एवं विकास संगठन (डी.आर.डी.ओ.) के बीच विभागीय कार्यवाही में कई महीने बीत गए। 'इसरो' डॉ. कलाम को छोड़ना नहीं चाहता था और

डी.आर.डी.ओ. उनकी सेवाएं लेना चाहता था। इस पर अंतरिक्ष विभाग तथा रक्षा अनुसंधान एवं विकास संगठन के बीच लगातार बातें होती रहीं।

अंततः 1 जून, 1982 को डॉ. कलाम ने 'डिफेंस रिसर्च एंड डेवलपमेंट लैबोरेटरी' (डी.आर.डी.एल.) के निदेशक का कार्यभार संभाला। उस समय डी.आर. डी.एल. में पांच परियोजनाओं तथा अनेक छोटी निर्माण योजनाओं पर काम चल रहा था। इसी बीच चेन्नई के अन्ना विश्वविद्यालय ने उन्हें 'डॉक्टर ऑफ साइंस' की मानद उपाधि से सम्मानित किया। इस उपाधि का अर्थ था–रॉकेट इंजीनियरिंग के क्षेत्र में उनके कार्य को मान्यता प्रदान करना। (इसके बाद से ही अब्दुल कलाम के नाम के साथ डॉक्टर की उपाधि लगनी आरम्भ हो गई।)

डी.आर.डी.एल. की कार्य प्रणालियों को देखते ही डॉ. कलाम समझ गए कि यहां कार्य करने वालों के बीच उत्साह की बहुत कमी है, क्योंकि अनेक परियोजनाएं या तो रुकी हुई थीं अथवा सरकारी नीतियों के अंतर्गत उन्हें आधी-अधूरी स्थिति में छोड़ दिया गया था। इन्हीं में से एक अति महत्त्वपूर्ण परियोजना थी–'डेविल मिसाइल परियोजना।'

यहां कार्य करते हुए डॉ. कलाम ने विज्ञान जगत् के उस दर्द को अनुभव किया, जिसके कारण वैज्ञानिकों में उत्साह की भारी कमी आ जाती है। इन प्रतिभाशाली वैज्ञानिकों के मनोबल को उत्प्रेरित करने के लिए डॉ. कलाम विचार करने लगे।

टेक्टिकल कोर व्हिकल परियोजना

उन्हीं दिनों नौसेनाध्यक्ष एडमिरल ए.एस. डासन डी.आर.डी.एल. पहुंचे। कलाम के लिए संभवतः यह एक उचित अवसर था। उन्होंने एडमिरल डासन के समक्ष अपनी भावी परियोजनाओं की फाइल रख दी। इन्हीं परियोजनाओं में एक थी–'टेक्टिक्ल कोर व्हिकल परियोजना'। कुछ समय से इस परियोजना का काम रुका हुआ था। इस परियोजना में मिसाइलें दागने की दो प्रकार की प्रणालियों के बारे में बताया गया था। पहली प्रणाली जमीन से हवा में मार करने वाली मिसाइल से संबद्ध थी और दूसरी हवा से जमीन में मार करने वाली मिसाइल से।

डॉ. कलाम ने इस परियोजना के विषय में एडमिरल डासन को विस्तार से समझाया। साथ ही समुद्र में युद्ध के दौरान मिसाइलों के सार्थक उपयोग पर विशेष बल दिया। एडमिरल को यह परियोजना बहुत पसंद आई। साथ ही प्रयोगशाला के अन्य वैज्ञानिक भी यह जानकर उत्साहित हुए कि उनके

नए निदेशक उपयोगी परियोजनाएं चलाने पर अधिक ध्यान दे रहे हैं।

इसके बाद डी.आर.डी.एल. में जमीन-से-जमीन पर मार करने वाली मिसाइल पर काम आरम्भ हो गया। इसके फलस्वरूप संस्थान के वैज्ञानिकों में उत्साह का संचार हो गया। उत्साहजनक परिणाम देखते हुए कलाम ने विभिन्न उप-प्रणालियों की समीक्षा की और देश की प्रमुख संस्थाओं से संबंद्ध अनुभवी वैज्ञानिकों को डी.आर.डी.एल. से जोड़ने का निश्चय किया।

उन्होंने इंडियन इंस्टीट्यूट ऑफ साइंस, इंडियन इंस्टीट्यूट ऑफ टेक्नोलॉजी, इंडियन इंस्टीट्यूट ऑफ फंडामेंटल रिसर्च आदि संस्थानों से अनेक वैज्ञानिक बुलवाए। इस प्रकार संस्थान में एक अनुकूल वातावरण का विकास हुआ।

अब आवश्यकता थी डी.आर.डी.एल. में शोध तथा विकास को गति देने की। अपनी वैज्ञानिक गतिविधियों के दौरान कलाम ने इस बात का उल्लेख करते हुए लिखा है-'अपने जीवन में वैज्ञानिक मसलों पर मैंने खुलेपन को पूरे उत्साह से महत्त्व दिया। बंद कमरों में होने वाली चर्चाओं और गुपचुप तरीके से चलाए जाने वाले प्रबंधन से मुझे हमेशा परहेज रहा है, क्योंकि इससे न केवल सहयोगियों में विचारों का ह्रास होता है, अपितु मान्यताएं भी खंडित होती हैं।'

अत: सहयोगियों को अधिक-से-अधिक उत्साहित करने के लिए उन्होंने वरिष्ठ वैज्ञानिकों का एक फोरम बनाया, जिससे कि परियोजनाओं पर सामूहिक रूप से विचार किया जा सके। इस प्रकार उन्होंने एक मिसाइल टेक्नोलॉजी कमेटी बनाई। इस कमेटी ने प्रबंधन और वैज्ञानिकों को एक सूत्र में बांधकर काम करने की एक नई शुरुआत की।

मिसाइलों के बारे में डॉ. कलाम का मानना था कि इनका आविष्कार प्राचीन काल में सर्वप्रथम भारत में हुआ था। आज जिसे हम मिसाइल के नाम से जानते हैं, पौराणिक युग में इसे 'अस्त्र' के नाम से जाना जाता था। नारायणास्त्र, आग्नेयास्त्र, ब्रह्मास्त्र, वरुणास्त्र आदि अस्त्रों के नाम आज भी पौराणिक कथाओं में पढ़ने को मिलते हैं।

इसके बाद, स्वदेशी मिसाइलों के उत्पादन के लिए एक दूसरी कमेटी बनाई गई, जिसके अध्यक्ष पद पर डॉ. कलाम को नियुक्त किया गया। कमेटी के सदस्यों में डॉ. कलाम के अतिरिक्त भारत डायनेमिक्स लिमिटेड, हैदराबाद के प्रमुख जेड पी. मार्शल, एन.आर. अय्यर, के.एस. वेंकटरमन तथा ए.के. कपूर ने भागीदारी निभाई। इसके बाद डॉ. कलाम ने मंत्रिमंडलीय समिति में अपनी परियोजना को प्रस्तुत करने के लिए एक विस्तृत दस्तावेज और बजट तैयार

किया। बजट में 12 साल के कार्यक्रम के लिए लगभग 390 करोड़ रुपये के खर्च का अनुमान व्यक्त किया गया था।

डॉ. कलाम ने इस बजट में दो मिसाइलों के विकास एवं उत्पाद के लिए सरकार के पास प्रस्ताव भेजा, जिसमें एक नीची ऊंचाई पर शीघ्र मार करने वाली मिसाइल थी और दूसरी जमीन-से-जमीन पर मार करने वाली मध्यम दूरी वाली मिसाइल थी। कलाम तथा उनके सहयोगियों को विश्वास नहीं था कि सरकार उनकी यह परियोजना स्वीकार कर लेगी। जब यह प्रस्ताव मंत्रालय में भेजा गया, उस समय आर. वेंकटरमन रक्षा मंत्री थे। बजट कमेटी की बैठक में तीनों सेनाओं के तत्कालीन प्रमुख-जनरल कृष्ण राव, एयर चीफ मार्शल दिलबाग सिंह तथा एडमिरल डासन भी शामिल हुए। स्पष्ट था, उन सभी को उस बड़े बजट की स्वीकृति की प्रतीक्षा थी। डॉ. कलाम इस उधेड़-बुन में डूबे हुए थे कि यदि आवश्यकता से कम राशि का बजट स्वीकृत हुआ तो वे किस प्रकार अपने कार्यक्रम को मूर्त रूप देंगे? किन-किन परियोजनाओं को छोड़ेंगे और किन्हें चलाएंगे?

कई घंटों तक प्रश्नोत्तर चलते रहे। फिर बैठक समाप्त हुई और रक्षामंत्री डॉ. कलाम से शाम को मिलने की बात कह कर उठ गए।

शाम को जब डॉ. कलाम और वैज्ञानिकों की टीम ने रक्षा मंत्री से मुलाकात की, तो उन्हें यह जानकर हार्दिक प्रसन्नता हुई कि उनके द्वारा प्रस्तावित बजट में से 388 करोड़ रुपये की राशि स्वीकृत कर ली गई है।

10. 'पृथ्वी' से 'अग्नि' तक की उड़ान

विकास कार्यक्रमों में बाधा का अब कोई प्रश्न नहीं था। शीघ्र ही इंटीग्रेटेड गाइडेड मिसाइल डेवलपमेंट प्रोग्राम (आई.जी.एम.डी.पी.) की शुरुआत हुई। इन प्रस्तावित योजनाओं को नाम दिए गए–'पृथ्वी', 'त्रिशूल', 'आकाश', 'नाग' और 'अग्नि'।

'पृथ्वी' मिसाइल का प्रयोग 250 किलोमीटर की दूरी तक किसी भी लक्ष्य पर किया जा सकता है। यह मिसाइल जमीन-से-जमीन पर मार कर सकती है। इसलिए इस मिसाइल का नाम 'पृथ्वी' रखा गया और टेक्टिकल कोर व्हिकल को 'त्रिशूल' (भगवान् शिव का मुख्य अस्त्र) नाम दिया गया। जमीन से हवा में मार करने वाली परियोजना 'नाग' के नाम से शुरू हुई। इसी दौरान 'अग्नि' नामक मिसाइल के निर्माण का कार्य भी आरम्भ हुआ।

1983 में 'पृथ्वी' परियोजना को आरम्भ करते समय कुछ कठिनाइयां आईं। इस परियोजना के लिए हमारे देश में कुछ महत्त्वपूर्ण धातुएं उपलब्ध नहीं थीं। जैसे-मैग्नीशियम और एल्युमीनियम के अतिरिक्त नेवीगेशनल सेंसर्स, टैंकेज आदि। इनकी पूर्ति भारत में ही देसी उपायों से की गई। निरंतर नए-नए प्रयोग होते रहे। नए सॉफ्टवेयर और उनकी गुणवत्ता के कारण इस मिसाइल ने विश्व के सामने सफलता का परचम लहरा दिया। इस परियोजना की सफलता से एक महत्त्वपूर्ण लाभ यह हुआ कि एक-एक कर वैज्ञानिकों की नई पीढ़ियां सामने आने लगीं।

डॉ. कलाम द्वारा निर्मित/ निर्देशित मिसाइलें (प्रक्षेपास्त्र)

पृथ्वी

यह मिसाइल जमीन-से-जमीन पर 250 कि.मी. तक मार करने में सक्षम है। इसकी क्षमता लगभग 125 कि.ग्रा. विस्फोटक सामग्री ले जाने की है। इस मिसाइल के तीन संस्करण हैं:

नाम	मारक क्षमता/ भार	संस्करण
पृथ्वी-I पृथ्वी-II पृथ्वी-III	150 कि.मी./ 100 कि.ग्रा. पेलोड 250 कि.मी./ 500 कि.ग्रा. पेलोड 350 कि.मी./ 500 कि.ग्रा. पेलोड	थल सेना वायु सेना नौसेना

त्रिशूल

विमानभेदी मिसाइलों को निशाना बनाने में सक्षम यह मिसाइल जमीन से हवा में और जमीन-से-जमीन पर मार कर सकती है, जिसकी मारक क्षमता 15 कि.मी. तक है।

आकाश

15 सेकेंड में 25 कि.मी. तक जमीन से हवा में मार करने वाली यह सुपरसोनिक मिसाइल एक साथ 4 लक्ष्यों पर वार करने में सक्षम है। यह 55 कि.ग्रा. तक पेलोड वहन कर सकती है।

नाग

हवा से जमीन पर अचूक मार करने वाली यह मिसाइल टैंक प्रतिरोधी है। इसकी मारक क्षमता लगभग 15 कि.मी. है। इसका सफल परीक्षण 4 सितम्बर को उड़ीसा के चांदीपुर क्षेत्र में हुआ था।

अग्नि

इस मिसाइल का तैयार होना डॉ. कलाम के सपनों का सच होना कहा जा सकता है। इस मिसाइल के विभिन्न परीक्षण हुए। अग्नि-I, अग्नि-II, अग्नि-III आदि। जो विज्ञान की कसौटी पर खरे उतरे।

यह जमीन-से-जमीन पर मार करने वाली एक विश्वसनीय मिसाइल है, जो बेहद उच्च तापमान पर भी 'कूल' रहती है। इसकी मारक क्षमता 5000 कि.मी. से भी अधिक है। यह 1000 किलोग्राम तक का पेलोड वहन कर सकती है। इस मिसाइल के भी तीन संस्करण हैं:

नाम	मारक क्षमता	पेलोड क्षमता
अग्नि-I	600-750	500 कि.ग्रा.
अग्नि-II	2000-2500	1,000 कि.ग्रा.
अग्नि-III	5000	1000 कि.ग्रा.

11. पोखरण की गूंज

डॉ. होमी जहांगीर भाभा का मानना था कि अणु और परमाणु प्राचीन काल से ही प्रकृति में उपस्थित हैं। इनके पुनर्जन्म से भारत दुनिया को दिखा देगा कि वह भी विश्व की सर्वश्रेष्ठ श्रेणी में गिना जाने वाला देश है।

विश्व शक्ति के रूप में स्थापित संयुक्त राज्य अमेरिका अब तक कई परमाणु परीक्षण कर चुका है। द्वितीय विश्वयुद्ध के दौरान उसने जापान के हिरोशिमा शहर पर एटम बमों से हमला करके लाखों लोगों को मौत की नींद सुला दिया था। आज भी अमेरिका के पास अनेक परमाणु अस्त्र हैं। सदा से अमेरिका की यह मंशा रही है कि परमाणु अस्त्रों की श्रेणी में दुनिया का कोई देश उससे प्रतिस्पर्धा न कर सके। यही कारण है कि भारत में 1998 में हुए पोखरण परीक्षण ने उसकी नींद उड़ा दी थी, जिससे हतप्रभ होकर उसने पोखरण परीक्षण पर अपनी तीखी प्रतिक्रिया व्यक्त करते हुए भारत पर अनेक आर्थिक और व्यापारिक प्रतिबंध लगा दिए थे।

ध्यान देने योग्य बात यह है कि परमाणु अस्त्रों को समाप्त करने की बात पर सदा से विश्वस्तरीय हलचल होती रही है। परमाणु अस्त्रों को समाप्त करने की बात भी कही गई, किन्तु शांति प्रस्ताव की विचारधारा ने इस मुद्दे को ठंडे बस्ते में डाल दिया।

विज्ञान एवं आत्म सुरक्षा के इस युग में प्रत्येक देश को यह अधिकार है कि वह अपनी सुरक्षा के लिए सदा तैयार रहे। इसी बात को ध्यान में रखते हुए 1974 में तत्कालीन प्रधानमंत्री श्रीमती इंदिरा गांधी ने पोखरण-I परमाणु परीक्षण की अनुमति दी थी। विश्वव्यापी आलोचनाओं के बाद भी श्रीमती इंदिरा गांधी परमाणु अस्त्रों के इस कार्यक्रम को आगे बढ़ाने का निश्चय कर चुकी थीं, किन्तु तभी 1984 में उनकी हत्या कर दी गई और यह कार्य लम्बे समय तक रुका रहा।

इसके बाद तत्कालीन प्रधानमंत्री नरसिम्हा राव के कार्यकाल में परमाणु परीक्षण की कार्यवाही कुछ आगे बढ़ी, किन्तु परमाणु सम्पन्न देशों के विरोधात्मक रुख के कारण भारत को शांत रहने पर विवश होना पड़ा।

इसके बाद भारत ने 1998 में पोखरण-II का सफल परीक्षण किया। इस उपलब्धि का श्रेय प्रधानमंत्री अटल बिहारी वाजपेयी को जाता है, जिन्होंने राष्ट्रीय

सुरक्षा को मजबूत एवं स्थायी आयाम देने के लिए इस साहस को विश्व के मानचित्र पर प्रदर्शित किया। दूसरा श्रेय डॉ. कलाम को दिया जाता है, जिन्होंने इस परीक्षा को सफल बनाने में महत्त्वपूर्ण योगदान दिया।

परमाणु परीक्षा-2 डिपार्टमेंट ऑफ एटोमिक एनर्जी और डी.आर.डी.ओ. के परस्पर सहयोग से डॉ. अब्दुल कलाम एवं परमाणु ऊर्जा आयोग के अध्यक्ष डॉ. आर. चिदम्बरम की निगरानी में हुआ था।

परमाणु नीति

विचारणीय प्रश्न यह है कि 'परमाणु अस्त्रों से रहित पृथ्वी'-यह अभिव्यक्ति उन देशों की है, जिनके पास प्रचुर मात्रा में आणविक अस्त्रों का भण्डार है। उन भण्डारों में से यदि 10 प्रतिशत अस्त्रों का भी प्रयोग कर लिया जाए तो यह सम्पूर्ण पृथ्वी पूरी तरह से नष्ट हो सकती है। सहस्रों वर्षों के सतत् परिश्रम से मनुष्य ने जो कुछ अर्जित किया है, कुछ ही क्षणों में वह सब नष्ट हो सकता है। विश्वभर में इस बात की तीव्र आलोचना होती है कि मानवता को निरस्त्रीकरण का उपदेश देने वाली शक्तियां स्वयं अथाह अणु शक्ति का भंडार लिए हुए हैं। जिसे नियंत्रित किया जाना अत्यंत आवश्यक है। इसे विडम्बना ही कहेंगे कि हथियारों के भंडार से वे तथाकथित राष्ट्र स्वयं परमाणु अस्त्रों को नष्ट नहीं करना चाहते हैं, किन्तु विश्व के शेष देशों को यह उपदेश देते हैं कि वे अपने देशों में परमाणु कार्यक्रम बंद कर दें। यदि वे राष्ट्र वास्तव में विश्व शांति के पक्षधर हैं, तो उन्हें सबसे पहले अपने परमाणु हथियार नष्ट करने चाहिए।

इस संदर्भ में तत्कालीन विदेश मंत्री जसवंत सिंह द्वारा दिया गया वक्तव्य अत्यंत प्रशंसनीय हैं। उन्होंने कहा था-'भारत समग्र परमाणु परीक्षण प्रतिबंध संधि पर तभी हस्ताक्षर करेगा, जब तक विश्व के शिखर राष्ट्र भारत को एक परमाणु शस्त्र सम्पन्न देश के रूप में मान्यता नहीं मिल जाती। तब तक इस बात का कोई महत्त्व नहीं है कि भारत परमाणु परीक्षण प्रतिबंध संधि पर हस्ताक्षर कर दे।' आखिर जब हम परमाणु शक्ति संपन्न राष्ट्र हैं, तो फिर यह क्यों स्वीकार करें कि हमारे पास परमाणु हथियार नहीं हैं?

पोखरण-II के नाम से किए गए इन भूमिगत परीक्षणों से यह तो सिद्ध हो ही गया है कि भारत भी एक परमाणु शक्ति सम्पन्न राष्ट्र है। उल्लेखनीय है कि 1974 में पोखरण परमाणु परीक्षण के बाद भारत नाभिकीय अस्त्र नीति की रूपरेखा खींच चुका था। इसलिए इस बात से इंकार नहीं किया जा सकता, जब भारत के पास स्वयं की नाभिकीय शक्ति का भंडार होगा। जिसका श्रेय प्रो. होमी जहांगीर भाभा और डॉ. अब्दुल कलाम को जाता है।

12. सामरिक क्षेत्र में योगदान

'विनम्रता और जी-तोड़ परिश्रम से सब कुछ प्राप्त किया जा सकता है।' इस वाक्य को डॉ. अब्दुल कलाम ने सच कर दिखाया। उन्होंने हमेशा कर्म एवं समर्पण पर ध्यान दिया और उसका फल भी सकारात्मक ही पाया। डॉ. कलाम ने अपना अधिकांश समय रक्षा मंत्रालय के अनुसंधान विभाग में व्यतीत किया। कुछ नया करने की ललक ने ही उन्हें शून्य से शिखर तक ला खड़ा किया।

'डिफेंस रिसर्च एंड डेवलपमेंट ऑर्गेनाइजेशन' (डी.आर.डी.ओ.) में पहले वे एक वैज्ञानिक के रूप में सम्मिलित हुए। निरंतर काम और नई खोज के कारण वे इसी संस्थान में निदेशक हुए और फिर निदेशक प्रमुख बनाए गए। इसी बीच अंतरिक्ष अनुसंधान की सबसे बड़ी संस्था 'इसरो' में भी उन्होंने महत्त्वपूर्ण योगदान दिया। उनके नेतृत्व में विभिन्न प्रयोगशालाओं में अनेक प्रतिभावान वैज्ञानिकों ने कार्य किया।

अनेक अनुसंधान और नए प्रयोगों ने न केवल डॉ. कलाम को शिखर पर स्थापित किया, बल्कि सशक्त भारत के सशक्त चित्र की एक स्पष्ट रूपरेखा भी तैयार की। डॉ. कलाम की उपलब्धियों का श्रेय उनकी लगनशीलता और नम्रता को जाता है, जिनके केंद्र में रहकर वे एक के बाद एक सफलता की सीढ़ियां चढ़ते गए। सफलता की शुरुआत हॉवर क्राफ्ट से हुई।

भारत में रॉकेट विज्ञान पर पहल करने का श्रेय प्रथम प्रधानमंत्री पं. जवाहर लाल नेहरु को जाता है। जिस समय भारत ब्रिटिश गुलामियों की बेड़ियों से स्वतंत्र हुआ था, उसकी आर्थिक स्थिति अत्यधिक शोचनीय थी। किन्तु फिर भी पं. नेहरु ने रॉकेट विज्ञान के महत्त्व को समझते हुए अंतरिक्ष कार्यक्रमों में पहल की थी। उनके प्रगतिशील विचारों में प्रो. साराभाई उनके साथ थे।

हॉवर क्राफ्ट

इस विमान को हवा और पानी दोनों में चलाया जा सकता था। पंखरहित, हल्की और तीव्र मशीन वाले इस विमान को बनाने की योजना बहुत पहले

से थी। डॉ. कलाम ने हॉवर क्राफ्ट और एयर क्रॉफ्ट के बीच लाक्षणिक गुणों को गहराई तक समझने का प्रयास किया। उनका विश्वास था कि मानव मस्तिष्क में यदि एक बार कोई बात आ जाए तो उसे पूरा करना असम्भव नहीं होता।

1960 के दशक में हॉवर क्राफ्ट का निर्माण हो रहा था। डॉ. कलाम बताते थे–'इस विमान के निर्माण के दौरान मैं जिन उपकरणों और कलपुर्जों का प्रयोग कर रहा था, वे विमान की निर्माणाधीन तकनीकियों से भिन्न थे, इसलिए मुझे अनेक अवसरों पर अपने वरिष्ठ सहयोगियों की नाराजगी का भी सामना करना पड़ा।'

उनकी टीम के अधिकांश वरिष्ठ सदस्यों का यह मानना था कि कल का यह युवक इस विमान को किसी भी प्रकार से नहीं बना सकेगा। किन्तु डॉ. कलाम इन आलोचनाओं से बिना प्रभावित हुए अपने कार्य में जुटे रहे। वे नए-नए तरीकों से विमान की रूपरेखा पर काम करते तथा अपने सहयोगियों को भी प्रोत्साहित करते रहते थे।

अंततः वह महत्त्वपूर्ण दिन भी आ गया, जब हॉवर क्राफ्ट बनकर तैयार हो गया। भगवान् शिव के वाहन की तर्ज पर इस हॉवर क्राफ्ट को 'नंदी' नाम दिया गया। 550 किलोग्राम वजन का यह हॉवर क्राफ्ट हवाई कुशन पर तैयार खड़ा था। मशीन के एक गोलमोल टुकड़े को देखकर किसी का भी चकित होना स्वाभाविक था। अपने सहयोगियों को चकित देखकर डॉ. कलाम ने कहा–'इसकी ओर आश्चर्य से मत देखिए। यह उड़ने वाली मशीन है, इस पर बैठिए और उड़िए।' तत्कालीन रक्षा मंत्री वी. के. कृष्ण मेनन ने स्वयं की सुरक्षा संबंधी चिंताओं को अनेदखा कर 'नंदी' पर उड़ान भरी थी। श्री मेनन ने इसे पूरा करने के लिए मंत्रालय की ओर से हरी झंडी दे दी थी, किन्तु दुर्भाग्य से तभी उन्हें मंत्री पद से त्यागपत्र देना पड़ गया। इसके बाद 'नंदी' को आगे बढ़ाने की योजना अधर में लटक गई।

मिश्रित संरचना (कंपोजिट स्ट्रक्चर)

डॉ. कलाम ने रॉटो और मोटर केसिंग के लिए एक ऐसी मिश्रित संरचना तैयार की, जो सरलता से टूट-फूट न सके। पहले लकड़ी, लोहे अथवा अन्य धातुओं से बने यंत्रों में टूट-फूट का अंदेशा तो बना ही रहता था, इसके अतिरिक्त इनसे बने यंत्र भारी भी होते थे। मिश्र धातु से बनने वाले ये यंत्र अधिक तापमान पर काम करना बंद कर देते थे।

डॉ. कलाम ने नए तथा उन्नत कम्पोजिट बनाने के लिए गहनतम अध्ययन

किया। 'इसरो' में काम करने के दौरान ही उन्होंने मिश्रित संरचना के विकल्प के रूप में फिलामेंट फाइबर ग्लास को चुना। इसके अतिरिक्त उच्च ऊर्जा वाले कम्पोजिट प्रोपेलेंट, घटना-आधारित प्रज्वलन प्रणाली तथा जेट प्रणाली का भी विकास कर लिया। उन्होंने तिरुवनंतपुरम् में फाइबर रीइनफोर्स्ड प्लास्टिक डिवीजन की स्थापना की और प्लास्टिक एवं जूट के रेशों को मिलाकर कम्पोजिट तैयार किया। इसी सम्मिश्रण की सहायता से उच्च तकनीक के दाबयंत्र बनाए गए। प्रयोगों के क्रम में ही सेटेलाइट लांच व्हिकल (एस.एल.वी.) के तीसरे एवं चौथे कक्षों में उपयोग के लिए रॉकेट मोटर के ढक्कन बनाए गए। इससे पहले रॉकेट मोटर को ढकने के लिए शीशे के ढक्कन प्रयोग किए जाते थे। तदंतर रीइनफोर्स्ड प्लास्टिक सेंटर में इनका निर्माण होने लगा।

एस.एल.वी. (सेटेलाइट लांच व्हिकल)

डॉ. अब्दुल कलाम की पहली प्रमुख सफलता सेटेलाइट को अंतरिक्ष में स्थापित करने की रही। अंतरिक्ष शोध की महत्त्वपूर्ण संस्था 'इसरो' के लिए भी यह पहली महत्त्वपूर्ण उपलब्धि थी। डॉ. कलाम एक ऐसी तकनीक विकसित करना चाहते थे, जिससे उपग्रहों को अंतरिक्ष में पहुंचाया जा सके। इसके लिए एक ऐसी रॉकेट मोटर का निर्माण करना था, जो व्हिकल के चारों कक्षों में सफलतापूर्वक काम कर सके। इसके अतिरिक्त एक ऐसा यंत्र भी विकसित करना था, जिससे व्हिकल पर पूर्ण नियंत्रण रखा जा सके। कुल मिलाकर अनेक धातुओं तथा कम्पोजिट्स के मिश्रण से लगभग 300 छोटे-बड़े यंत्रों का निर्माण किया गया। इस महत्त्वपूर्ण उपलब्धि के लिए पूरे विश्व में डॉ. कलाम की प्रशंसा हुई और उन्हें 'पद्म भूषण' से सम्मानित किया गया।

इंटीग्रेटेड प्रोग्राम

इंट्रीग्रेटेड प्रोग्राम का अर्थ भारत में एक समग्र कार्यक्रम के अंतर्गत विभिन्न प्रकार की मिसाइलों का निर्माण करने से है। तत्कालीन रक्षा मंत्री आर. वेंकटरमन ने गहन सोच-विचार के बाद इस कार्य का उत्तरदायित्व डॉ. कलाम को सौंपा। इस परियोजना के अंतर्गत 5 मिसाइलों-त्रिशूल, पृथ्वी, आकाश, नाग और अग्नि का निर्माण प्रस्तावित किया गया।

ब्रह्मोस

भारत की ब्रह्मपुत्र नदी और रूस की मोस क्वा नदी के आरंम्भिक शब्दों को लेकर इस मिसाइल का नाम 'ब्रह्मोस' दिया गया। ब्रह्मोस डॉ. कलाम

डॉ. कलाम के कार्यकाल में छोड़े गए सफल भारतीय उपग्रह

प्रक्षेपण तिथि	उपग्रह	भार कि.ग्रा.	उद्देश्य	प्रक्षेपित राकेट	प्रक्षेपण स्थल
19 अप्रैल, 1975	आर्यभट्ट	360	वैज्ञानिक	इंटरकॉसमॉस राकेट	रूसी राकेट प्रक्षेपण स्थल, कॉस्मोड्रोम, सोवियत संघ
7 जून, 1979	भास्कर-1	442	पृथ्वी का अवलोकन	इंटरकॉसमॉस राकेट	रूसी राकेट प्रक्षेपण स्थल, कॉस्मोड्रोम, सोवियत संघ
18 जुलाई, 1980	रोहिणी आर.एस.-2	35	पृथ्वी का अवलोकन	एस.एल.वी.-3	राकेट प्रक्षेपण केन्द्र, श्रीहरिकोटा रेंज, आंध्र प्रदेश, भारत
19 जून, 1981	एपल	670	संचार	एरियन	यूरोपीय राकेट प्रक्षेपण स्थल, कोरू, फ्रेंच गुयाना, द. अमेरिका
20 नवंबर, 1981	भास्कर-2	436	पृथ्वी का अवलोकन	इंटरकॉसमॉस राकेट	रूसी राकेट प्रक्षेपण स्थल, कॉस्मोड्रोम, सोवियत संघ
10 अप्रैल, 1982	इन्सेट-1 ए	1160	बहुउद्देशीय	डेल्टा रॉकेट	अमेरिकी राकेट प्रक्षेपण स्थल, केप केनेवरल, अमेरिका
20 मई, 1982	स्रोस सी.-1	106	सुदूर संवेदन	ए.एस.एल.वी.-डी 3	राकेट प्रक्षेपण केन्द्र, श्रीहरिकोटा रेंज, आंध्र प्रदेश, भारत
17 अप्रैल, 1983	रोहिणी आर.एस.डी.-2	41.5	वैज्ञानिक	एस.एल.वी.-3	राकेट प्रक्षेपण केन्द्र, श्रीहरिकोटा रेंज, आंध्र प्रदेश, भारत
30 अगस्त, 1983	इन्सेट-1बी	1193	बहुउद्देशीय	शटल चैलेंजर	कैनेडी स्पेस सेंटर, केप कैनेवरल, अमेरिका
17 मार्च, 1988	आईआरएस-1ए	980	सुदूर संवेदन	वोस्तक	रूसी अंतरिक्ष केन्द्र, बैकानूर, सोवियत संघ
12 जून, 1990	इन्सेट-1डी	650	बहुउद्देशीय	शटल चैलेंजर	कैनेडी स्पेस सेंटर, कैप कैनेवरल, अमेरिका
29 अगस्त, 1991	आई.आर.एस.-1बी	985	सुदूर संवेदन	वोस्तक	रूसी अंतरिक्ष केन्द्र, बैकानूर, सोवियत संघ

10 जुलाई, 1992	इन्सेट–2ए	1416	बहुउद्देशीय	एरियन	यूरोपीय राकेट प्रक्षेपण स्थल, कोरू, फ्रेंच गुयाना, द. अमेरिका
23 जुलाई, 1993	इन्सेट–2वी	1906	बहुउद्देशीय	एरियन	यूरोपीय राकेट प्रक्षेपण स्थल, कोरू, फ्रेंच गुयाना, द. अमेरिका
4 मई, 1994	स्रोस सी.–2	113	सुदूर संवेदन	ए.एस.एल.वी.–डी 4	राकेट प्रक्षेपण केन्द्र, श्रीहरिकोटा रेंज, आंध्र प्रदेश, भारत
15 अक्टूबर, 1994	आईआरएस–पी2	870	सुदूर संवेदन	ए.एस.एल.वी.–डी 2	राकेट प्रक्षेपण केन्द्र, श्रीहरिकोटा रेंज, आंध्र प्रदेश, भारत
7 दिसम्बर, 1995	इन्सेट–2सी	2050	बहुउद्देशीय	एरियन	यूरोपीय रॉकेट प्रक्षेपण स्थल, कोरू, फ्रेंच गुयाना, द. अमेरिका
28 दिसम्बर, 1995	आइ.आर.एस.–1सी	1250	सुदूर संवेदन	मोलनिया	बैकानूर प्रक्षेपण स्थल, कजाकिस्तान
21 मार्च, 1996	आई.आर.एस.–पी.3	930	सुदूर संवेदन	ए.एस.एल.वी.–डी 3	राकेट प्रक्षेपण केन्द्र, श्रीहरिकोटा रेंज, आंध्र प्रदेश, भारत
4 जून, 1997	इन्सेट–2 डी	–	बहुउद्देशीय	एरियन	कोरू (फ्रेंच गुयाना)
29 सितम्बर, 1997	आईआरएस–1डी	–	सुदूर संवेदन	ए.एस.एल.वी.–सी 1	श्रीहरिकोटा
3 अप्रैल, 1999	इन्सेट–2ई	2550	दूरसंचार	एरियन	कोरू (फ्रेंच गुयाना)
16 मई, 1999	आई.आर.एस–पी4	1060	सुदूर संवेदन	पी.एस.एल.वी.–सी 2	श्रीहरिकोटा
22 मार्च, 2000	इन्सेट–3बी	2958	बहुउद्देशीय टी.वी. प्रसारण	एरियन–4	कोरू (फ्रेंच गुयाना)

द्वारा बनाई गई एक ऐसी योजना है, जिसमें भारत और रूस ने संयुक्त रूप से कार्य किया। वर्तमान में इस नई सुपरसोनिक एंटी शिप क्रूज मिसाइल के विकास का कार्य पूर्ण हो चुका है और इसे सेना में शामिल कर लिया गया है। दो देशों के बीच इस परियोजना को स्वीकृत करवाने में डॉ. कलाम को अनेक कठिनाइयों का सामना करना पड़ा था। ब्रह्मोस एक ऐसी सुपरसोनिक क्रूज मिसाइल है, जिसका प्रयोग समुद्र, समुद्र के भीतर तथा हवा में कहीं भी किया जा सकता है। इसका निर्माण जहाजों पर प्रयोग करने के लिए किया गया है।

ऑपरेशन शक्ति

18 मई, 1974 को भारत ने अपना प्रथम परमाणु परीक्षण थार के रेगिस्तान में, पाकिस्तानी सीमा से 153 किलोमीटर दूरी पर जैसलमेर जिले के पोखरण नामक स्थान पर किया था। यह जमीन के अंदर था और पूर्ण रूप से सफल रहा। इस प्रकार भारत ने परमाणु शक्तियों में अमेरिका, ब्रिटेन, रूस, फ्रांस, कनाडा और चीन के बाद सातवां स्थान प्राप्त कर लिया। इसके बाद भारत ने 11 मई और 13 मई, 1998 को पोखरण में ही क्रमशः 3 और 2 सफल परीक्षण किए।

परमाणु शक्ति अनुसंधान केन्द्र

- भाभा एटॉमिक रिसर्च सेन्टर (ट्राम्बे)
- टाटा इंस्टीट्यूट ऑफ फंडामेंटल रिसर्च (मुंबई)
- साहा इंस्टीट्यूट ऑफ न्यूक्लियर फिजिक्स (कोलकाता)

एटॅमिक एनर्जी कमीशन

इसकी स्थापना 1948 में हुई थी। इसके कार्य हैं–

- भारत के लिए परमाणु शक्ति वाले वैज्ञानिकों को प्रशिक्षित करना।
- परमाणु शक्ति के उत्पादन को प्रोत्साहन देना।
- शांतिपूर्ण उपयोग के लिए परमाणु शक्ति पर अनुसंधान करना।
- परमाणु शक्ति वाले खनिजों को भारत में ज्ञात करना।

एटॉमिक पावर स्टेशन

- नरोरा पावर प्लांट (बुलंदशहर के पास, उत्तर प्रदेश)
- राणा प्रताप सागर एटॉमिक पावर प्लांट (रावतभाटा, राजस्थान)
- काकरापाड़ा एटॉमिक पावर प्लांट (गुजरात)
- तारापुर एटॉमिक पावर प्लांट (मुंबई से 80 कि.मी. दूर, महाराष्ट्र में)
- कैगा एटॉमिक पावर प्लांट (कर्नाटक)
- कलपक्कम एटॉमिक पावर प्लांट (चेन्नई के पास तमिलनाडु में)

प्रक्षेपास्त्र

डॉ. अब्दुल कलाम की सामरिक सेवाओं को हमारा देश कभी नहीं भुला पाएगा। सामरिक देन के रूप में डॉ. कलाम द्वारा निर्मित प्रक्षेपास्त्र भले ही वर्तमान युग की मांग न हों, किन्तु देश को विश्व के अग्रणी सम्पन्न देशों की कतार में खड़े करने के लिए इनका उद्भव परमावश्यक था।

भारत की मिसाइल चार्ट			
मिसाइल का नाम	**क्षमता (कि.ग्रा)**	**पे-लोड (कि.ग्रा)**	**निर्माता देश**
पृथ्वी-150	150	1,000	स्वदेशी/सोवियत संघ
पृथ्वी-250	250	500	स्वदेशी/सोवियत संघ
धनुष	250	500	स्वदेशी
ब्रह्मोस	300	255	स्वदेशी/रूस
सागरिका	250-350	500	स्वदेशी
पृथ्वी-350	350	500	स्वदेशी/सोवियत संघ
अग्नि-I	600-750	1,000	स्वदेशी/सं. रा./फ्रांस
अग्नि-II	2,000/2,500	1,000	स्वदेशी/सं. रा./फ्रांस
अग्नि-III	3,000		स्वदेशी

डॉ. कलाम के कार्यकाल में अंतरिक्ष में भारत

1962 : परमाणु ऊर्जा विभाग द्वारा 'इंडियन नेशनल कमेटी फॉर स्पेस रिसर्च' का गठन थुम्बा इक्वेटोरियल रॉकेट लॉन्चिंग स्टेशन को स्थापित करने का कार्य प्रारम्भ।

1963 : थुम्बा इक्वेटोरियल रॉकेट लॉन्चिंग स्टेशन से प्रथम साउंडिंग रॉकेट का प्रमोचन (21 नवंबर, 1963)।

1965 : थुम्बा में स्पेस साइंस एण्ड टेक्नोलॉजी सेंटर की स्थापना।

1967 : अहमदाबाद में सेटेलाइट टेलीकम्युनिकेशन अर्थ स्टेशन की स्थापना।

1968 : थुम्बा इक्वेटोरियल रॉकेट लॉन्चिंग स्टेशन संयुक्त राष्ट्र को समर्पित।

1969 : परमाणु ऊर्जा विभाग के अंतर्गत इंडियन स्पेस रिसर्च ऑर्गेनाइजेशन की स्थापना (15 अगस्त, 1969)।

1972 : अंतरिक्ष आयोग तथा अंतरिक्ष विभाग गठित, 'इसरो' को अंतरिक्ष विभाग के अधीन लाया गया।

1975 : 'इसरो' सरकारी संस्थान बना (1 अप्रैल, 1975)। प्रथम भारतीय उपग्रह 'आर्यभट्ट' का प्रमोचन (19 अप्रैल, 1975)।

1977 : सेटेलाइट टेलीकम्युनिकेशन एक्सपेरिमेन्ट्स प्रोजेक्ट आयोजित।

1979 : पृथ्वी प्रक्षेपणों के लिए प्रायोगिक उपग्रह भास्कर का प्रमोचन।

1980 : एस.एल.वी.-III का द्वितीय प्रचलनात्मक प्रमोचन। रोहिणी उपग्रह कक्षा में स्थापित (18 जुलाई, 1980)।

1981 : एस.एल.वी.-III का प्रथम विकासात्मक प्रमोचन। उपग्रह आर.एस.-डी 1 कक्षा में स्थापित (31 मई, 1981)। एक प्रचलनात्मक जियो-स्टेशनरी कम्युनिकेशन सेटेलाइट 'एपिल' का सफल प्रमोचन (19 जून, 1981)। भास्कर-11 का प्रमोचन (20 नवंबर, 1981)।

1982 : इन्सेट-1 ए का प्रमोचन (10 अप्रैल, 1982)। इसे 6 सितम्बर, 1982 को निष्क्रिय किया गया।

1983 : एस.एल.वी-III का दूसरा विकासात्मक प्रमोचन। उपग्रह, आर.एस. -डी2 कक्षा में स्थापित (17 अप्रैल, 1983)। इन्सेट-1बी का प्रमोचन (30 अगस्त, 1983)।

1984 : भारत-सोवियत मानवयुक्त अभियान (अप्रैल 1984)।

1987 : स्रोस (स्ट्रेच्ड रोहिणी सेटेलाइट सीरीज़) 1 उपग्रह के साथ ए.एस.एल. वी. (अगमेंटेड सेटेलाइट लांच व्हिकल) का प्रथम विकासात्मक प्रमोचन (24 मार्च, 1987)। इस उपग्रह को कक्षा में स्थापित नहीं किया जा सका।

1988 : प्रथम प्रचलनात्मक इंडियन रिमोट सेंसिंग सेटेलाइट आई.आर.एस.-1 ए का प्रमोचन (17 मार्च, 1988)।

1990 : इन्सेट- 1डी का प्रमोचन (12 जून, 1990)।

1991 : द्वितीय प्रचलनात्मक रिमोट सेंसिंग सेटेलाइट आई.आर.एस.-1 बी का प्रमोचन (29 अगस्त, 1991)।

1992 : ए.एस.एल.वी. का तीसरा विकासात्मक प्रमोचन स्रोस-सी के साथ (20 मई, 1992)। उपग्रह कक्षा में स्थापित। स्वदेश निर्मित द्वितीय पीढ़ी के इन्सेट सीरीज के प्रथम उपग्रह इन्सेट-2ं का प्रमोचन (10 जुलाई, 1992)।

1993 : इन्सेट-2 सीरीज के द्वितीय सेटेलाइट इन्सेट-2बी का प्रमोचन (23 जुलाई 1993)। उपग्रह आई.आर.एस.-1ई के साथ पी.एस.एल.वी. का प्रथम विकासात्मक प्रमोचन (20 सितम्बर, 1993)। उपग्रह कक्षा में स्थापित नहीं किया जा सका।

1994 : स्रोस-सी2 के साथ ए.एस.एल.वी. का चतुर्थ विकासात्मक प्रमोचन (4 मई, 1994) उपग्रह कक्षा में स्थापित। आई.आर.एस.-पी2 के साथ पी.एस.एल.वी. का द्वितीय विकासात्मक प्रमोचन (15 अक्टूबर, 1994)। उपग्रह को सफलतापूर्वक ध्रुवीय तुल्यकालिक कक्षा में स्थापित किया गया।

1995 : इन्सेट-2 सीरीज के तृतीय उपग्रह इन्सेट-2सी का प्रमोचन (7 दिसम्बर, 1995)। आई.आर.एस.-1सी का तृतीय प्रचलनात्मक प्रमोचन (28 दिसंबर, 1995)।

1996 : आई.आर.एस.-पी3 के साथ पी.एस.एल.वी. का तृतीय विकासात्मक प्रमोचन (21 मार्च, 1996)। उपग्रह ध्रुवीय तुल्यकालिक कक्षा में स्थापित।

1997 : इन्सेट-2 सीरीज के चौथे उपग्रह इन्सेट-2डी का प्रमोचन (4 जून, 1997)। यह 4 अक्टूबर, 1997 को निष्क्रिय हो गया। इन्सेट प्रणाली को सुदृढ़ बनाए रखने के लिए नवम्बर 1997 में एक इन-ऑरबिट सेटेलाइट ए.आर.ए.बी. सेटेलाइट-1सी, पुनर्निर्मित इन्सेट-2 डीटी, प्राप्त किया गया।

1999 : बहुउद्देश्यीय इन्सेट-2 सीरीज़ के अंतिम उपग्रह इन्सेट-2ई का फ्रेंच गुयाना के कोरू प्रक्षेपण केन्द्र से एरियन रॉकेट द्वारा सफल प्रमोचन (3 अप्रैल, 1999)। उपग्रह कक्षा में स्थापित। इंडियन रिमोट सेंसिंग सेटेलाइट आई.आर.एस.-पी4 का पी.एस.एल.वी.-सी2 से श्रीहरिकोटा प्रक्षेपण केन्द्र से प्रक्षेपण। इसके साथ कोरिया के के.आई.टी. सेटेलाइट-3 तथा जर्मनी डी.एल.आर.-टी.यू.बी. सेटेलाइट

का भी सफल प्रक्षेपण (26 मई, 1999)।

2000 : तीसरी पीढ़ी के प्रथम उपग्रह इन्सेट–3बी का प्रक्षेपण एरियन–5 रॉकेट द्वारा फ्रेंच गुयाना के कोरू प्रक्षेपण केन्द्र से 22 मार्च को सफल प्रक्षेपण।

2001 : भारत द्वारा 18 अप्रैल, 2001 को जी.एस.एल.वी.डी.–1 अंतरिक्ष यान को श्रीहरिकोटा से सफलतापूर्वक छोड़ा गया।

2002 : पी.एस.एल.वी.–सी4 द्वारा श्रीहरिकोटा से भारत के पहले मौसम उपग्रह एम.ई.टी. सेटेलाइट (वर्तमान नाम कल्पना–1) का प्रक्षेपण 12 सितम्बर, 2002 को किया गया।

13. डॉ. कलाम के पथ-प्रदर्शक

यहां डॉ. कलाम के उन्हीं सहयोगियों और महान व्यक्तियों का संक्षिप्त परिचय दिया गया है, जिन्होंने डॉ. कलाम का किसी-न-किसी रूप में सहयोग व मार्गदर्शन किया, जिसके कारण ही उन्होंने फर्श से अर्श तक पहुंचने में सफलता पायी और बुलन्दियों के शिखर को छुआ।

डॉ. कुर्त

एम.आई.टी. के डायरेक्टर डॉ. कुर्त वैमानिकी इंजीनियरिंग के ख्यातिप्राप्त हस्ती थे। उन्होंने जर्मनी के एक सीट वाले लड़ाकू विमान 'फाकेक बुल्क' का डिजाइन तैयार किया था। उन्होंने ही बंगलौर में भारत का पहला लड़ाकू विमान 'एच.एफ. 24 मारुत' तैयार किया था। डॉ. कुर्त ने ही विमानों की यांत्रिक गतिविधियों के बारे में डॉ. कलाम को बताया था।

प्रो. स्पांडर

एम.आई.टी. में अध्ययन के दौरान प्रो. स्पांडर का मार्गदर्शन कलाम के लिए प्रेरणा स्रोत बना। इनके योगदान से ही कलाम एक श्रेष्ठ इंजीनियर बनने में सफल रहे। प्रो. स्पांडर ने इन्हें वैमानिकी गतिकी के बारे में बताया, वे आस्ट्रेलिया के निवासी थे।

एम.आई.टी. में विदाई समारोह के दौरान सभी प्रोफेसरों और छात्रों को सामूहिक फोटो खिंचवाना था। स्नातक पास करने वाले सभी छात्र तीन पंक्तियों में खड़े थे और सभी प्रोफेसर आगेवाली पंक्ति में बैठे हुए थे। कलाम तीसरी पंक्ति में खड़े थे। प्रो. स्पांडर की निगाह उन पर पड़ी, तो उन्होंने कलाम को कहा-'यहां आओ और आगे की पंक्ति में मेरे साथ बैठो।' कलाम आगे बैठने में हिचकिचा रहे थे, तो उन्होंने दोबारा उनसे कहा-'तुम मेरे सबसे प्रिय छात्र हो। तुम्हारी कड़ी मेहनत ही भविष्य में तुम्हारे शिक्षकों का नाम रोशन करेगी।'

उनकी इस प्रशंसा से कलाम अभिभूत हो गए। प्रो. स्पांडर ने उन्हें अपने पास बिठाया। उन्हें विदाई देते वक्त प्रो. स्पांडर ने कहा-'ईश्वर तुम्हारी उम्मीदें पूरी करे, तुम्हें सहारा दे, तुम्हें रास्ता दिखाए और भविष्य की यात्रा में तुम्हारा पथ-प्रदर्शक बने।'

के.ए.वी. पनदलाई

प्रो. के.ए.वी. पनदलाई के संबंध में डॉ. कलाम कहते थे कि वे उनके शिक्षक ही नहीं, बल्कि दोस्त भी थे। वे एक बहुत ही खुशमिजाज, दोस्ताना और उत्साही शिक्षक थे। उनके पढ़ाने का ढंग प्रत्येक बार एक नयापन लिए होता था। उन्होंने कलाम को एयरोस्ट्रक्चर डिजाइन और एनालिसिस विषय पढ़ाए थे। वे प्रत्येक विद्यार्थी को बोलने का अवसर देते थे और उनकी बातों को बड़े ध्यान से सुनकर उसका उत्तर देते थे।

प्रो. नरसिंह राव

प्रो. नरसिंह राव एम.आई.टी. में गणित के शिक्षक थे और सैद्धांतिक वैमानिकी गतिकी की प्रत्येक बारीकियों को विस्तार से समझाते थे। कलाम मानते थे कि यदि प्रो. राव की कृपा न होती तो वे वैमानिकी गतिकी के समीकरणों को नहीं समझ पाते।

इनके समझाने का ढंग इतना सरल था कि आगे चलकर डॉ. कलाम ने भौतिकी को ही अपना मुख्य विषय चुना। इस प्रकार धीरे-धीरे कलाम वैमानिकी के संबंध में अधिकाधिक जानकारियां एकत्रित करते गए। वायुयान के नए-नए मॉडल वे स्वयं बनाते, जिनमें द्वितल विमान (बाई प्लेन), एक तलीय विमान (मोनो प्लेन), बिना पिछले हिस्से वाले विमान (टेललैस विमान) और डेल्टा विंग विमान के डिजाइन प्रमुख थे।

प्रो. श्रीनिवासन

एम.आई.टी. के तीसरे और अंतिम वर्ष में प्रवेश करते ही कलाम की परीक्षा का समय आ पहुंचा और उनका सामना हुआ डिजाइन के शिक्षक प्रो. श्रीनिवासन से। वे एम.आई.टी. के निदेशक भी थे। उन्होंने कलाम और उनके सहपाठियों को लड़ाकू विमान का डिजाइन तैयार करने की परियोजना में लगा दिया। इस योजना के अंतर्गत वायुगतिकी के डिजाइन तैयार करने का उत्तरादायित्व डॉ. कलाम को सौंपा गया और विमान के प्रणोदन, उसकी संरचना, नियंत्रण तथा उपकरणों के काम में; उनके चार अन्य सहपाठियों को लगाया गया। कुछ दिनों बाद

प्रो. श्रीनिवासन ने जब उनके काम की समीक्षा की तो उसे निराशाजनक बताते हुए असंतोष व्यक्त किया। चूंकि काम में निर्धारित समय से अधिक विलम्ब हो चुका था, इसलिए कलाम ने उनसे क्षमा मांगी और एक महीने के अंदर इस परियोजना को सुनियोजित ढंग से पूर्ण करने का प्रण किया। उनके क्षमा मांगने पर श्रीनिवासन ने उन्हें चेतावनी देते हुए कहा कि यदि उन्होंने तीन दिन के अंदर इस परियोजना को पूरा नहीं किया तो उनकी छात्रवृत्ति रोक दी जाएगी। यह चेतावनी डॉ. कलाम के लिए किसी आघात से कम नहीं थी, क्योंकि छात्रवृत्ति ही उनके लिए सबकुछ थी। इसी पर उनका भविष्य टिका हुआ था। इसलिए वे सतत् इस कार्य को पूरा करने में लग गए। अंततः उनका परिश्रम रंग लाया और तीन दिन में ही उन्होंने अपना कार्य पूरा कर लिया। प्रो. श्रीनिवासन छुपकर काम को पूरा करने की धुन में लगे कलाम को देख रहे थे। उनके कार्य को देखकर श्रीनिवासन ने उनकी भूरि-भूरि प्रशंसा की और उनकी पीठ थपथपाते हुए कहा-'मैं जानता था कि तुम कर दिखाओगे।'

वी. के. कृष्ण मेनन

डॉ. कलाम ने पंखरहित, हल्के एवं तेज गति वाले हॉवर क्राफ्ट का निर्माण किया, जिसे 'नंदी' नाम दिया। उसे देखकर तत्कालीन रक्षा मंत्री श्री कृष्ण मेनन बड़े प्रभावित हुए। उन्होंने नंदी हॉवर क्राफ्ट में उड़ान भरी और कलाम की प्रशंसा करते हुए कहा-'इससे भी अधिक शक्तिशाली विमान तैयार करो और मुझे दूसरी बार सवारी के लिए बुलाओ।'

इससे अब्दुल कलाम को बेइन्तहा प्रोत्साहन मिला।

प्रो. एम.जी. के. मेनन

'टाटा इंस्टीट्यूट ऑफ फंडामेंटल रिसर्च', मुंबई के निदेशक प्रो. मेनन ने जब इस हॉवर क्राफ्ट के बारे में सुना तो उनके मन में भी इस पर सवारी करने की इच्छा हुई। वे बंगलौर पहुंचे और इस उड़नखटोले पर उड़ने के बाद डॉ. कलाम से कुछ सवाल करके वापस चले गए। एक सप्ताह बाद कलाम को एक पत्र मिला। इसमें भारतीय अंतरिक्ष अनुसंधान संस्थान से उन्हें रॉकेट इंजीनियर के पद पर नियुक्ति के लिए बुलवाया गया था।

प्रो. ओदा

डॉ. कलाम मानते थे कि कड़ा परिश्रम करने के पश्चात् भी मनुष्य को

यदि असफलता हाथ लगती है, तो अप्रसन्नता का भाव आना स्वाभाविक है, किन्तु कुछ लोग इसके अपवाद भी होते हैं- जैसे प्रोफेसर ओदा और प्रो. सुधाकर। प्रो. ओदा जापान में इंस्टीट्यूट ऑफ स्पेस एंड एयरोनॉटिकल साइंसेज में एक्स-रे पेलोड वैज्ञानिक थे। डॉ. कलाम उन्हें एक विशाल हृदय वाले उस व्यक्ति के रूप में याद करते थे, जो अपने कार्य के प्रति पूर्णतः समर्पित था। एक दिन जब कलाम अपनी टाइमर डिवाइस के साथ प्रो. ओदा के पेलोड को लगा रहे थे, तभी ओदा ने उस टाइमर को हटाकर जापान से लाए गए टाइमर को लगाने का निर्देश दिया। यद्यपि डॉ. कलाम की दृष्टि में जापानी टाइमर बहुत हल्के थे, किन्तु प्रो. ओदा का मानना था कि भारत में बने टाइमरों की अपेक्षा उनके टाइमर श्रेष्ठ हैं। कलाम ने उनका सुझाव मानकर जापानी टाइमर लगा दिया। किन्तु जब रॉकेट छोड़ा गया तो उस टाइमर में गड़बड़ी आ गई और मिशन असफल हो गया। इससे प्रो. ओदा इतने विचलित हुए कि उनकी आंखों से आंसू छलक आए। ऐसे भावनात्मक कर्मशील व्यक्ति को कलाम कभी नहीं भूल सके।

प्रो. सुधाकर

प्रो. सुधाकर पेलोड निर्माण में कलाम के सहकर्मी थे। एक दिन वे और डॉ. कलाम पेलोड रूम में रसायनों की जांच कर रहे थे। उस दिन थुम्बा का मौसम गर्म और उमस भरा था। तभी सोडियम रसायन पर प्रो. सुधाकर के माथे से पसीने की एक बूंद गिर पड़ी, जिससे जबरदस्त विस्फोट हुआ और कक्ष में आग लग गई। सोडियम की आग को पानी से नहीं बुझाया जा सकता था। ऐसी संकटपूर्ण स्थिति में प्रो. सुधाकर ने धैर्य नहीं खोया। उन्होंने अपने हाथों से कांच की खिड़की तोड़ी और पहले डॉ. कलाम को सुरक्षित बाहर निकाला, फिर स्वयं बाहर कूद गए। प्रो. सुधाकर के हाथ बुरी तरह जख्मी हो गए थे, किन्तु वे फिर भी मुस्करा रहे थे। इलाज के लिए कई हफ्ते उन्हें अस्पताल में भर्ती रहना पड़ा।

इंदिरा गांधी (थुम्बा में)

थुम्बा इक्वेटोरियल रॉकेट लांचिंग स्टेशन (टी.ई.आर.एल.एस.) को अंतर्राष्ट्रीय अंतरिक्ष विज्ञान समुदाय को समर्पित करने के लिए फरवरी, 1969 में तत्कालीन प्रधानमंत्री इंदिरा गांधी थुम्बा आईं। यहां उन्होंने डॉ. कलाम की प्रयोगशाला में देश की पहली फिलामेंट वाइंडिंग मशीन को चालू किया। प्रधानमंत्री के पदार्पण

से कलाम और उनकी टीम को अत्यंत प्रसन्नता हुई और प्रोत्साहन मिला।

जयचन्द्र बाबू

रॉटो परियोजना का काम युद्धगति से चल रहा था। डॉ. अब्दुल कलाम का कार्यालय में देर तक काम करने का नियम-सा बन गया था। उनके कार्यालय में जयचन्द्र बाबू नामक एक व्यक्ति काम करते थे। वे सकारात्मक दृष्टिकोण रखते थे और स्पष्ट कहने वाले व्यक्ति थे। एक दिन डॉ. कलाम ने उनसे पूछा-'आप इस परियोजना के बारे में कुछ सुझाव दे सकते हैं?' उन्होंने परियोजना के कार्य में दो मुख्य बाधाएं बताईं। साथ ही कुछ ऐसे बिंदु गिनवाए, जिनके कारण व्यवस्थाओं में अड़चनें आ रही थीं। जयचन्द्र बाबू ने प्रबंधन और ठेकेदारी की अड़चनों को सुधारने की बात निःसंकोच होकर कही। साथ ही डॉ. कलाम को यह सुझाव दिया कि वित्तीय मंजूरी का काम एक ही व्यक्ति के हाथ में सौंपा जाए। परियोजना से संबद्ध कार्यों के लिए सभी व्यक्तियों को हवाई यात्रा की सुविधा मिले। कार्य के बंटवारे के लिए एक ही व्यक्ति से जवाब तलब किया जाए। परियोजना से संबंधित उपकरण, सामान आदि हवाई जहाज से मंगवाने की व्यवस्था की जाए तथा संगठन के लेखे-जोखे में पारदर्शिता लाने के लिए निजी क्षेत्रों को काम सौंपे जाएं।

सरकारी विभागों में इस प्रकार की मांगें डॉ. कलाम ने पहले कभी नहीं सुनी थीं। जयचन्द्र बाबू के इन सुझावों को उन्होंने गम्भीरतापूर्वक लिया और उन पर अमल भी किया।

डॉ. विक्रम साराभाई

अपनी एक पुस्तक में डॉ. कलाम ने उल्लेख किया है कि अपने कार्यकाल के दौरान यदि वे सबसे अधिक किसी व्यक्ति से प्रभावित हुए तो प्रो. विक्रम साराभाई से। प्रो. साराभाई की महानता उनकी विनम्रता से दृष्टिगोचर होती थी। उन पर न तो नौकरशाही का प्रभुत्व था और न ही उन्हें अपने बड़प्पन पर गर्व था। वे एक साधारण व्यक्ति की भांति प्रतीत होते थे। प्रो. साराभाई उनके लिए न केवल एक आदर्श व्यक्ति थे, बल्कि पथ-प्रदर्शक भी रहे। उन्हें रॉकेट प्रक्षेपण के प्रशिक्षण के लिए अमेरिका में 'नेशनल एयरोनॉटिक्स एंड स्पेस एडमिनिस्ट्रेशन' (नासा) भेजने का श्रेय प्रो. विक्रम साराभाई को ही जाता है, क्योंकि उन्हीं की सिफारिश पर कलाम को प्रशिक्षण के लिए नासा भेजा गया था।

प्रो. साराभाई अद्भुत प्रतिभासम्पन्न ऐसे महान व्यक्ति थे, जो अतिशीघ्र किसी

भी समस्या का समाधान कर देते थे। उन्हें युवा इंजीनियरों और वैज्ञानिकों को प्रोत्साहित करते हुए कार्य करने के लिए सदा कुछ-न-कुछ नए तरीके बताते रहने की आदत थी। विपरीत परिस्थितियों में भी सामान्य रहना, मानो उनकी आदत में शामिल था। हर पल कुछ नया करने की प्रवृत्ति ने ही उन्हें सबका प्रिय बना दिया था। यही कारण है कि उनके थुम्बा पहुंचने की सूचना मिलते ही डॉ. कलाम तथा उनके सहयोगियों में प्रसन्नता की लहर दौड़ जाती थी। अंतरिक्ष अनुसंधान के दौरान डॉ. कलाम के समक्ष आने वाली मुश्किलों को हल करने में साराभाई को महारत हासिल थी। उसी का परिणाम था कि संस्था को सदा प्रतिभाशाली वैज्ञानिकों का साथ मिलता रहा। यह प्रो. विक्रम साराभाई की प्रेरणा का ही परिणाम था कि एस.एल.वी. उपग्रह का प्रक्षेपण भारत में संभव हो सका। यदि यह कहा जाए कि प्रो. साराभाई भारतीय विज्ञान क्षितिज पर चमकने वाले सूरज की भांति दैदीप्यमान हैं, जो भावी वैज्ञानिकों को सदा रोशनी की किरणें दिखाते रहेंगे, तो इसमें कोई अतिशयोक्ति नहीं होगी।

वे अपने सभी निर्णय और कार्यकलाप सहयोगियों के समक्ष स्पष्ट कर देते थे। किसी भी बात को गुप्त रखना उन्हें पसंद नहीं था। वे इंजीनियरों और वैज्ञानिकों की योग्यता और डिग्रियों को आंकने की अपेक्षा उनकी कार्यक्षमताओं पर अधिक विश्वास करते थे। उनका कहना था कि असफलता ही हमें सफलता का मार्ग दिखाती है।

प्रो. कुरियन

डॉ. कलाम की टीम में प्रत्येक छोटे चरण पर काम की प्रगति देखी जाती थी। यद्यपि वे अपने सहयोगियों के साथ मिलजुल कर काम कर रहे थे, तथापि काम का अत्यधिक बोझ होने के कारण कुछ भूल हो जाने का खतरा बना रहता था। इसलिए प्रो. साराभाई ने प्रो. कुरियन को डॉ. कलाम के साथ जोड़ने का निश्चय किया। प्रो. कुरियन फ्रांस के 'सेंटर नेशनल द एतुदस स्पातियालेस' (सी.एन.ई.एस.) के अध्यक्ष थे। डॉ. कलाम के काम के बोझ को देखते हुए उन्होंने प्रो. साराभाई को परामर्श दिया कि उन्हें छोटे एवं हल्के प्रोजेक्ट से मुक्त कर दिया जाए और ऐसे काम सौंपे जाएं, जो अधिक महत्त्वपूर्ण हों। इस प्रकार डॉ. कलाम छोटे और कम महत्त्वपूर्ण कार्यों से मुक्त होकर डायमांट एयरफ्रेम के चौथे चरण के काम में जुट गए। हालांकि डायमांट एयरफ्रेम तथा एस.एल.वी. दोनों काम बिल्कुल भिन्न थे। दोनों के व्यास अलग-अलग थे। यह एक नए प्रकार का प्रोजेक्ट था। इस कार्य को स्वीकार करने से पूर्व डॉ. कलाम के सहयोगियों ने उन्हें सावधान भी किया

था, किन्तु फिर भी उन्होंने बिना विचलित हुए इस काम को पूरा किया।

व्यक्तिगत सुझाव, डिजाइन एवं निर्माण पर कुछ समय तक शोध के बाद डायमांट एयरफ्रेम कार्यक्रम एक वर्ष में पूरा हो गया। यह एक महत्त्वपूर्ण उपलब्धि थी। यूरोप ने यह उपलब्धि तीन वर्ष में कठिनता से प्राप्त की थी।

आर. वरद राजन

निदेशालय के ऑफिसर इंचार्ज आर. वरद राजन ने अब्दुल कलाम को एक पराध्वनिक लक्ष्यभेदी विमान का डिजाइन तैयार करने में सहायता की। जिसमें कलाम को भरपूर सफलता मिली।

नीलकंठन

निदेशक नीलकंठन ने पराध्वनिक लक्ष्यभेदी विमान के डिजाइन की सराहना कर उन्हें प्रोत्साहित किया और हौसला बढ़ाया।

डॉ. चिटनीस

भौतिक अनुसंधान प्रयोगशाला, अहमदाबाद, के डॉ. चिटनीस ने भारत के रॉकेट प्रक्षेपण केन्द्र थुम्बा को त्रिवेंद्रम, केरल में उपयुक्त स्थान के रूप में चुना था।

के. माधवन नायर

त्रिवेंद्रम में कलेक्टर के पद पर कार्यरत के. माधवन नायर ने थुम्बा में सेंट मैरी मैगडेलेन चर्च और उसकी भूमि को रॉकेट प्रक्षेपण हेतु अधिग्रहण में युक्तिपूर्ण और शान्तिपूर्ण ढंग से कार्य संपन्न कराया। अन्यथा निजी भूमि अधिग्रहण और वह भी धार्मिक स्थान पर, अनेकानेक असुविधाएं सामने आती हैं।

बिशप फादर पीटर बर्नार्ड परेरा

सेंट मैरी मैगडेलेन चर्च के बिशप पीटर परेरा द्वारा चर्च का स्थान प्रदान कराने में आशीर्वाद सहित पर्याप्त सहायता मिली। इन्होंने धर्म और विज्ञान की समानता के सार को समझकर चर्च को डॉ. कलाम के कार्य को दिया था।

आर. अर्वामुद्रन

इन्होंने थुम्बा में रॉकेट जोड़ने में महत्त्वपूर्ण भूमिका निभाई। इनके जिम्मे राडार टेलीमीटरी (दूरमापीय) और जमीन पर सहारा देने की जिम्मेदारी थी।

ये डॉ. कलाम के विश्वसनीय साथी थे और वे इन्हें प्यार से 'डैन' कहते थे।

डी. ईश्वरदास

इन्होंने थुम्बा में 'नाइक अपाची' रॉकेट छोड़ने हेतु जोड़ने में और प्रक्षेपण की व्यवस्था में अहम भूमिका निभायी थी।

विलक्षण वैज्ञानिक

डी.एस. राणे, टी.एस. प्रसाद, ए.आर. आचार्य, एस.सी. गुप्त, सी.एल. अंबाराव, मुथुनायगम-ये सभी वैज्ञानिक विश्वसनीय साथियों के तौर पर डॉ. अब्दुल कलाम की टीम में शामिल थे।

सी.आर. सत्या, पी.एन. सुब्रह्मण्य और एम.एन. सत्यनारायण

यह सभी लोग थुम्बा में डॉ. कलाम की टीम के साथी थे। इन लोगों ने डॉ. कलाम के साथ मिलकर गैर चुंबकीय पेलोड ढांचे के लिए उच्चशक्ति के कांच की परत वाले आवरण को तैयार किया था और उन्हें दो चरणों में साउंडिंग रॉकेटों के साथ उड़ाया था।

वी.एस. नारायणन

ये वायुसेना मुख्यालय के ग्रुप कैप्टन थे। डॉ. कलाम से इनकी पहली मुलाकात तब हुई थी, जब डॉ. विक्रम साराभाई ने उन दोनों को होटल अशोका में सैनिक विमान के लिए 'रॉकेट असिस्टेड टेक ऑफ सिस्टम' (राटो) विकसित करने की अपनी योजना के बारे में बताने के लिए बुलाया था।

डॉ. साराभाई ने डॉ. कलाम और वी.एस. नारायणन को तिलपत रेंज में रूसी मोटर रॉटो दिखाकर जानना चाहा था कि यदि वे इस प्रणाली की मोटरें उन्हें ला दें, तो क्या वे 18 माह की अवधि में भारत में ऐसी मोटरें तैयार कर सकते हैं, तो दोनों ने हां कर दी।

बाद में जब रक्षा मंत्रालय में एक मिसाइल पैनल बनाया गया तो डॉ. कलाम और नारायणन को इस पैनल का सदस्य बनाया गया। रॉटो मोटरों एवं मिसाइल पैनल में साथ-साथ काम करते हुए नारायणन और कलाम ने जरूरत के अनुसार एक-दूसरे के लिए शिष्य एवं गुरु की भूमिका निभाई। रॉकेट विज्ञान के बारे में सीखने के लिए वे बहुत ही आतुर रहते थे, जबकि कलाम हथियारों की प्रणालियों को जानने के इच्छुक रहते थे। नारायणन के भीतर जो दृढ़ आत्मविश्वास था और उसे प्रयोग करने की उनमें जो प्रबल शक्ति थी, वह

प्रेरणादायक थी। वे कहने से पूर्व ही अपने कार्य से संबंधित सभी चीजों का बंदोबस्त कर लेते थे, जिनकी जरूरत उन्हें पड़ती थी।

डॉ. ब्रह्मप्रकाश

डॉ. विक्रम साराभाई के नाम पर थुम्बा परिसर में स्थित सभी संस्थानों टी.ई.आर.एल.एस., दि स्पेस साइंस एंड टेक्नोलॉजी सेंटर, रॉकेट प्रोपलेट पांट, द रॉकेट फैब्रिकेशन फेसिलिटी और द प्रोपलेंट फ्यूल कॉम्प्लेक्स मिलाकर एक संपूर्ण अंतरिक्ष केंद्र बनाया गया, जिसका पहला निदेशक मशहूर धातु विज्ञानी डॉ. ब्रह्मप्रकाश को बनाया गया। डॉ. ब्रह्मप्रकाश ने ही इसरो के प्रो. सतीश धवन के साथ विचार-विमर्श करने के बाद डॉ. कलाम को एस.एल.वी. का परियोजना प्रबंधक नियुक्त किया था। संस्थान में उपलब्ध दिग्गज प्रबंधकों की कतार में से डॉ. कलाम को परियोजना प्रबंधक घोषित किया जाना आश्चर्यजनक था। अवाक कलाम ने जब इस संबंध में अपनी शंकाओं के बारे में डॉ. ब्रह्मप्रकाश से बात की तो उन्होंने उनसे कहा-'यह मत देखो कि दूसरों की तुलना में तुम्हारे भीतर कितनी क्षमता है, बल्कि इसकी बजाय अपनी योग्यताएं बढ़ाने की कोशिश करो। प्रत्येक व्यक्ति एस.एल.वी. से संबंधित अपना-अपना दायित्व निभाएगा। तुम्हारी समस्या पूरी एस.एल.वी. परियोजना को पूरा करने में इसरो पर निर्भर रहने को लेकर हो रही है। एस.एल.वी. मिशन बड़ी संख्या में लोगों की भागीदारी से ही पूरा हो पाएगा। तुम्हें सहनशीलता एवं धैर्य रखना होगा।'

डॉ. ब्रह्मप्रकाश की इन बातों ने कलाम को न सिर्फ प्रोत्साहित किया, बल्कि उनका हौसला भी बढ़ाया। एस.एल.वी. के निर्माण से लेकर प्रक्षेपण तक डॉ. ब्रह्मप्रकाश का पूरा सहयोग डॉ. कलाम को मिला। हालांकि एस.एल.वी.-III का प्रक्षेपण सफल नहीं हो पाया था, इससे आहत और दु:खी कलाम को डॉ. ब्रह्मप्रकाश ने ही सांत्वना दी थी। यह उनका ही विश्वास था, जिसने डॉ. कलाम के अंदर एक नया आत्मविश्वास जगाया।

एस.एल.वी.-III परियोजना में सहयोगी इंजीनियर

जी. माधवन नायर, वसंत गवरीकर, एम.आर. कुरूप, मुथुनायगम, एम.एस. आर. देव, एस. श्रीनिवासन, यू.एस. सिंह, सुंदरराजन, अब्दुल मजीद, वेद प्रकाश संडलास, नंबूदरि, शशि कुमार तथा शिवाथानु पिल्लै जैसे इंजीनियर अपने क्षेत्र में विशेषज्ञ थे। एस.एल.वी.-III परियोजना के दौरान सभी ने काम को तेजी से और दक्षतापूर्वक करने के लिए खुद ही अपने बुनियादी नियम बनाए तथा व्यक्तिगत स्तर पर और टीम के स्तर पर अनूठे परिणाम दिए।

बी.आर. सोमशेखर और विंग कमांडर पी. कामराजू

डॉ. अब्दुल कलाम को रक्षा मंत्री के वैज्ञानिक सलाहकार प्रो. एम.जी.के. मेनन द्वारा डॉ. ब्रह्मप्रकाश की अध्यक्षता में एक कमेटी 'डेविल' परियोजना के तब तक के कार्य की समीक्षा करना था। इस कार्य की महत्ता यह थी कि डॉ. कलाम को वायुगति तथा मिसाइल के ढांचे एवं प्रणोदन (पोपल्शन) के क्षेत्र में हुई प्रगति का मूल्यांकन करना था। इस कार्य में सहायक के रूप में बी.आर. सोमशेखर तथा विंग कमांडर पी. कामराजू उनके साथ थे।

विलक्षण सहयोगियों का साथ

'डेविल' परियोजना के विकास कार्य के दौरान डी.आर.डी.एल. में डॉ. कलाम अपने सहयोगियों; ए.वी. रंगाराव की दूरदृष्टि, विंग कमांडर आर. गोपालस्वामी की गतिशीलता, डॉ. आई. अच्युत राव की संपूर्णता, जी. गणेशन के उत्साह, एस. कृष्णन की वैचारिक स्पष्टता, आर. बालाकृष्णन की आलोचनात्मक दृष्टि, लेफ्टिनेंट कर्नल वी.जे. सुंदरम का उत्साह एवं परिश्रम, जे.सी. भट्टाचार्य का आत्मविश्वास तथा लेफ्टिनेंट कर्नल आर. स्वामीनाथन के चेहरे पर झलकती दृढ़ स्पष्टता से अत्यंत प्रभावित हुए थे। यह एक विलक्षण बुद्धिवाले समर्पित लोगों का ऐसा समूह था, जिसमें सेना अधिकारी एवं वैज्ञानिक दोनों थे और सबका उद्देश्य भारतीय मिसाइल की सफल उड़ान भरने का लक्ष्य था।

प्रो. राजा रमन्ना

ये उस समय भारत के रक्षा मंत्री के वैज्ञानिक सलाहकार थे। इन्होंने डिफेंस इलेक्ट्रॉनिक्स एप्लीकेशन लेबोरेटरी, देहरादून में डॉ. कलाम के भाषण के समय अध्यक्षता की थी। इन्होंने डॉ. कलाम को रॉकेट विज्ञान के क्षेत्र में और प्रगति के लिए डी.आर.डी.एल. में जाने के लिए प्रेरित किया था। डॉ. कलाम इनके सद्व्यवहार से बहुत प्रभावित थे। पोखरण परमाणु परीक्षण के पीछे वही मार्गदर्शक प्रेरणास्रोत थे।

कर्नल वी.जे. सुन्दरम्

एयरोनॉटिकल इंजीनियरिंग में स्नातक और मैकेनिकल वायब्रेशन (यांत्रिक कम्पनों) के विशेषज्ञ डी.आर.डी.एल. में कार्यरत थे। डॉ. कलाम ने इन्हें 'पृथ्वी मिसाइल परियोजना' में कार्य करने हेतु चयनित किया। काम करने के वैकल्पिक तरीकों का मूल्यांकन करने में भी उनमें अद्भुत क्षमता थी।

वाई. ज्ञानेश्वर, सारस्वत, और पी.वेणु गोपालन

'पृथ्वी मिसाइल परियोजना' में सुन्दरम के साथ टीम सहयोगी के रूप में कार्य करने वाले ज्ञानेश्वर, सारस्वत और गोपालन ने बहुत ही सराहनीय कार्य किया था। परियोजना की सफलता जे. सुन्दरम के सृजनात्मक विचारों पर निर्भर थी, जो कार्य योग्य उत्पाद के रूप में बदलते जा रहे थे, तथा साथ ही टीम के सदस्यों के योगदान की गुणवत्ता एवं संपूर्णता पर भी। इन लोगों ने अपनी टीम के बाहर और भीतर, गर्व एवं उपलब्धि की भावना भर दी थी।

आर.एन. अग्रवाल

'अग्नि मिसाइल परियोजना' डॉ. कलाम के लिए एक सपना थी, जिसे हर दशा में साकार करने के लिए वे कृतसंकल्प थे। आर.एन. अग्रवाल मद्रास इंस्टीट्यूट ऑफ टेक्नोलॉजी के विलक्षण छात्रों में से एक थे और डी.आर.डी.एल. में वैमानिकी परीक्षण सुविधाओं का प्रबंधन संभाल रहे थे। कलाम ने अपनी इस महत्त्वाकांक्षी परियोजना के लिए अग्रवाल को चुना।

प्रहलाद और एन.आर. अय्यर

प्रहलाद को डॉ. कलाम ने 'आकाश' मिसाइल परियोजना और अय्यर को 'नाग' मिसाइल परियोजना का दायित्व सौंपा था।

एम.वी. सूर्यकांत राव

उच्च टेक्नोलॉजी शोध केन्द्र के लिए डॉ. कलाम द्वारा सर्वगुण संपन्न एम.वी. सूर्यकांत राव को चुना गया। कृष्ण मोहन को सूर्यकांत राव के पूरक के रूप में चुना गया।

प्रो. एस.एम. देशपांडे

जिस समय 'अग्नि' मिसाइल के पेलोड डिजाइन को लेकर यह समस्या पैदा हुई कि अत्यधिक वेग पर यान को किस प्रकार नियंत्रित रखा जाए, तो इंडियन इंस्टीट्यूट ऑफ साइंसेज के प्रो. एस.एम. देशपांडे ने अपने साथ चार युवा वैज्ञानिकों को लेकर 6 महीने में कम्प्यूटेशन फ्लूड डायनामिक्स के लिए सॉफ्टवेयर विकसित कर लिया था। यह विश्व में अपनी प्रकार का पहला सॉफ्टवेयर था।

प्रो. आई.जी. शर्मा

मिसाइल पथ निर्माण करने वाले सॉफ्टवेयर विकसित करने के कार्य को 'अनुकल्पना' के नाम से इंडियन इंस्टीट्यूट ऑफ साइंसेज के प्रोफेसर आई.जी. शर्मा ने विकसित किया था।

ए.वी. रंगाराव

स्वदेशी मिसाइलों के निर्माण एवं प्रक्षेपण के सुचारु कार्य संपादन हेतु डॉ. कलाम ने वर्ष 1983 में नवीनीकरण के उद्देश्य से जो पुनर्गठन किया था, वह वास्तव में एक बहुत ही जटिल कार्य था। इस कार्य को सफलतापूर्वक संपन्न कराने में ए.पी. रंगाराव का बड़ा योगदान था। वह एक अच्छे वाक्पटु और आकर्षक व्यक्तित्व वाले भद्र पुरुष थे।

प्रो. भारत भट्ट (आई.आई.टी., दिल्ली)

इन्होंने सॉलिड फिजिक्स लेबोरेटरी (एस.पी.एल.) और सेंट्रल इलेक्ट्रॉनिक्स लिमिटेड के साथ काम करके कई कार्य प्रणालियों में एक साथ काम आने वाले फेज, शिफ्टर, निगरानी के लिए थ्री-डी फेज सैन्य राडार 'आकाश' मिसाइल का पथ निर्धारण एवं निर्देशन जैसी तकनीकियां विकसित कीं और पश्चिमी देशों का इस प्रौद्योगिकी पर एकाधिकार समाप्त कर दिया।

प्रो. मुखोपाध्याय, प्रो. सर्राफ (आई.आई.टी., खड़गपुर)

ये डॉ. कलाम के आर.सी.आई. के साथी थे। इन्होंने साथ-साथ काम करके 'नाग' मिसाइल के लिए मल्टीमीटरिक वेव (एम.एम.डब्ल्यू) एंटीना बनाया था। यह एंटीना अंतर्राष्ट्रीय यान के स्तर का था और दो साल के रिकॉर्ड समय में यह कार्य पूरा कर लिया गया था।

एम.आर. कुरूप

ये डॉ. कलाम के पुराने साथी व मित्र थे। 'पृथ्वी प्रक्षेपण' के लिए कुरूप ने डॉ. कलाम के साथ एक टीम के सदस्य के रूप में कार्य किया था।

पी.के. विस्वास

डॉ. कलाम ने मिसाइल हार्डवेयर के विकास में लगे सार्वजनिक क्षेत्रों के उपक्रमों एवं निजी क्षेत्र की कंपनियों से संपर्क के लिए एक अलग से इकाई बनाई और उसका मुखिया विकासात्मक निर्माण तकनीकी विशेषज्ञ पी.के. विस्वास को बनाया गया।

वी.आर. नागराज

'अग्नि प्रक्षेपण परियोजना' के लिए विद्युत संयोजन टीम का नेतृत्व करने वाले नागराज एक समर्पित तकनीकीविद् थे। वे काम के समय खाना-पीना तक भूल जाते थे।

कमांडर ए.आर. मोहन

डॉ. कलाम की 'त्रिशूल मिसाइल परियोजना' के लिए इलेक्ट्रॉनिक्स एवं मिसाइल युद्ध की ठोस जानकारी रखने वाले व्यक्ति की तलाश थी। कमांडर ए.आर. मोहन इसके लिए उपयुक्त व्यक्ति थे, जिनमें काम को लगन के साथ करने की जादुई शक्ति थी। ये नौसेना से रक्षा शोध एवं विकास में आए थे। ए.के. कपूर को इनके सहायक के रूप में लगाया गया।

प्रो. सतीश धवन

प्रमुख भारतीय वैज्ञानिक, जिनका अंतरिक्ष अनुसंधान के क्षेत्र में महत्त्वपूर्ण योगदान है। भारतीय कृत्रिम उपग्रह 'आर्यभट्ट' एवं 'रोहिणी' का प्रक्षेपण इनके अथक प्रयासों का ही प्रतिफल है। उन्हें वर्ष 1999 के 'इंदिरा गांधी राष्ट्रीय एकता' पुरस्कार से सम्मानित किया गया। 'इसरो' में निदेशक के पद पर कार्यरत रहे प्रो. सतीश धवन ने हमेशा डॉ. कलाम को अपना समर्थन दिया और उन्हें प्रोत्साहित किया।

डॉ. वर्नर वान ब्राउन

डॉ. कलाम को एस.एल.वी-III परियोजना में कार्य करते हुए ऐसे व्यक्ति से मिलने का अवसर मिला, जो न केवल रॉकेट विज्ञान के सुविख्यात वैज्ञानिक थे, बल्कि मिसाइल के इतिहास में उनके स्तर का दूसरा कोई वैज्ञानिक नहीं था। वे थे-डॉ. वर्नर वान ब्राउन, जिन्होंने द्वितीय विश्वयुद्ध में वी-II मिसाइलें तैयार की थीं और लन्दन पर इन मिसाइलों से आक्रमण कर तबाही मचा दी थी। बाद में उनकी उपलब्धियों को देखते हुए नासा ने उन्हें अपने यहां बुलवा लिया था। फिर उन्होंने अमेरिका के लिए काम करते हुए 'जुपिटर' मिसाइल बनाई थीं। बाद में उन्हें जर्मन मिसाइल कार्यक्रम का निदेशक बना दिया गया था।

उनके बारे में डॉ. कलाम कहते थे-'मैंने कल्पना भी नहीं की थी कि डॉ. वर्नर वान ब्राउन इतने विनम्र और प्रोत्साहन देने वाले व्यक्ति होंगे।' डॉ. वर्नर वान ब्राउन ने डॉ. कलाम से कहा था-'आपको याद रखना होगा

कि हम केवल सफलताओं से ही नहीं बनते, हमारा निर्माण असफलताओं से भी होता है। रॉकेट विज्ञान में कठोर परिश्रम ही पर्याप्त नहीं होता, बल्कि लक्ष्य को प्राप्त करने के लिए प्रतिबद्धता की भी आवश्यकता होती है और यह प्रतिबद्धता तभी आती है जब हम रॉकेट विज्ञान को अपनी जीविका न समझकर अपना धर्म समझेंगे।' डॉ. वान ब्राउन के इन शब्दों ने डॉ. कलाम को बहुत प्रभावित किया और तभी से उन्होंने रॉकेट विज्ञान को अध्यात्म से जोड़कर देखना आरम्भ किया था।

डॉ. एच. एन. सेठना

भारत में न्यूक्लियर टेक्नोलॉजी के विकास में इनका महत्त्वपूर्ण योगदान रहा है। भारत का प्रथम परमाणु परीक्षण 'स्माइलिंग बुद्धा' इनकी देख-रेख में ही सम्पन्न हुआ था। ये भारत परमाणु ऊर्जा आयोग के अध्यक्ष रहे थे। इन्हें 'शांतिस्वरूप भटनागर पुरस्कार' (1960), 'पद्मश्री' (1966) तथा 'पद्मभूषण' (1975) से भी सम्मानित किया गया।

डॉ. शांतिस्वरूप भटनागर

डॉ. भटनागर विज्ञान के क्षेत्र में भारत के जाने-माने व्यक्ति रहे हैं। ये वैज्ञानिक और औद्योगिक अनुसंधान परिषद के अध्यक्ष रहे हैं।

यहां भारत के कुछ अन्य प्रमुख वैज्ञानिकों का उल्लेख करना भी प्रासंगिक होगा, जो डॉ. कलाम के लिए सदा प्रेरणा के स्रोत रहे तथा जिनका अनुसरण करके उन्होंने अपने सपनों को साकार करने और लक्ष्य प्राप्त करने में कामयाबी पाई।

एस. एन. बोस

इन्होंने आइन्स्टाइन के साथ मिलकर एक नई सांख्यिकी का प्रतिपादन किया तथा 'बोसोन' नामक कण का आविष्कार किया।

डॉ. एम. भगवन्तम्

ये भारत के सुप्रसिद्ध वैज्ञानिकों में से एक थे। रेडियो, खगोल-विज्ञान तथा कॉस्मिक किरणों पर इन्होंने महत्त्वपूर्ण कार्य किया।

डॉ. होमी जहांगीर भाभा

भारत में परमाणु ऊर्जा के जनक। डॉ. भाभा परमाणु ऊर्जा आयोग के प्रथम अध्यक्ष थे। कॉस्मिक किरणों तथा क्वान्टम थ्योरी पर इन्होंने महत्त्वपूर्ण शोध

कार्य किया। भारत का प्रथम परमाणु रिएक्टर, ट्राम्बे में उन्हीं की देखरेख में स्थापित हुआ था। इनकी मृत्यु वायुयान दुर्घटना में हुई थी।

डॉ. बी. डी. नाग चौधरी

इन्होंने परमाणु विज्ञान पर महत्त्वपूर्ण शोध कार्य किया तथा साइक्लोट्रान के आविष्कार में डॉ. लारेन्स के सहयोगी रहे। ये साह न्यूक्लियर इंस्टीट्यूट, कोलकाता के निदेशक भी रहे।

जे. वी. नार्लीकर

प्रसिद्ध वैज्ञानिक जयंत विष्णु नार्लीकर, जिन्होंने ब्रिटिश वैज्ञानिक होयल के साथ मिलकर ब्रह्माण्ड की उत्पत्ति के नवीन सिद्धांतों का प्रतिपादन किया। इनके विशिष्ट शोध का क्षेत्र सैद्धांतिक खगोलिकी है। इनकी महान उपलब्धियों के लिए इन्हें 'पद्म विभूषण' (2004) से सम्मानित किया गया।

डॉ. मेघनाथ साहा

विख्यात भारतीय वैज्ञानिक डॉ. साहा का भौतिक तथा गणित के क्षेत्र में महत्त्वपूर्ण योगदान है। परमाणु कॉस्मिक किरणों तथा स्पेक्ट्रम एनालिसिस संबंधी अनुसंधान के लिए विख्यात डॉ. साहा का 'इंस्टीट्यूट ऑफ न्यूक्लियर फिजिक्स' की स्थापना में महत्त्वपूर्ण योगदान रहा।

प्रो. एस. एस. जोशी

एक सुप्रसिद्ध भारतीय रसायनशास्त्री। इन्होंने विद्युत क्षेत्र में नाइट्रोजन की भौतिक एवं रासायनिक क्रियाओं की खोज की।

डॉ. के. एस. कृष्णन

भौतिक विज्ञान के क्षेत्र में इन्होंने महत्त्वपूर्ण अनुसंधान कार्य किया था, इन्होंने 'रमन इफेक्ट', 'क्रिस्टल मैग्नेटिक', 'मैग्नेटो केमिस्ट्री' की खोज में डॉ. सी. वी. रमन के सहयोगी के रूप में कार्य किया। डॉ. कृष्णन राष्ट्रीय भौतिक प्रयोगशाला, दिल्ली के निदेशक भी रहे थे।

डॉ. सी. वी. रमन

भारत के सुविख्यात भौतिक वैज्ञानिक, जिन्हें 'लेनिन पुरस्कार' एवं 'भारत रत्न' की उपाधि से भी अलंकृत किया गया। ये भौतिकी विज्ञान

के प्रोफेसर थे। क्रिस्टल की संरचना पर इनका अध्ययन तथा खोज अत्यंत महत्त्वपूर्ण सिद्ध हुए हैं।

आर्यभट्ट

5वीं शताब्दी के सुविख्यात गणितज्ञ एवं खगोलशास्त्री। चन्द्रगुप्त विक्रमादित्य के समय में इन्होंने गणित संबंधी महत्त्वपूर्ण खोज करके भारत का सम्मान बढ़ाया। इन्हीं की कीर्ति का यशोगान करता हुआ, भारत का प्रथम उपग्रह 'आर्यभट्ट' अंतरिक्ष में प्रक्षेपित किया गया।

आचार्य पी. सी. रॉय

भारत में सर्वप्रथम रासायनिक उद्योग स्थापित करने का श्रेय इन्हें ही जाता है। ये रसायन विज्ञान के प्रख्यात विद्वान थे।

डॉ. सुब्रह्मण्यम चन्द्रशेखर

अमेरिकी नागरिकता प्राप्त भारतीय मूल के वैज्ञानिक चन्द्रशेखर को नोबेल पुरस्कार से सम्मानित किया गया। इनका अध्ययन तथा खोज क्षेत्र खगोल विज्ञान, प्लाविक विज्ञान एवं सामान्य सापेक्षता था। खगोल विज्ञान संबंधी अनुसंधान कार्य के लिए इन्हें अमेरिका का सर्वोच्च वैज्ञानिक पुरस्कार 'नेशनल मैडल ऑफ साइंस' (1966), 'ए हनीमैन पुरस्कार' (1974) से भी सम्मानित किया गया।

विश्व के वे प्रमुख वैज्ञानिक, जिनसे डॉ. कलाम प्रभावित रहे और उनसे प्रेरणा प्राप्त की।

जेम्स चैडविक : ब्रिटिश वैज्ञानिक। इन्होंने परमाणु की रचना में विद्युत आवेश रहित परमाणु कण 'न्यूट्रॉन' का पता लगाया। इन्हें भौतिक में नोबेल पुरस्कार (1935) भी प्राप्त हो चुका है।

हेनरी बेक्कुरल : फ्रांसीसी वैज्ञानिक, इन्होंने गामा किरणों की खोज की थी। जिनका संबंध रेडियो एक्टिविटी से है।

राबर्ट बॉयल : आयरलैण्ड के वैज्ञानिक। इन्होंने बॉयल के गैस संबंधी नियम का प्रतिपादन किया और आधुनिक रसायन विज्ञान का सूत्रपात किया।

हेनरी बेसमर : ये अंग्रेज इंजीनियर थे। जिन्होंने लोहे से इस्पात बनाने की प्रक्रिया का आविष्कार किया। 'शेफील्ड' नामक शहर के निर्माण का श्रेय इन्हीं को जाता है।

हेनरी कैवेन्डिश : ब्रिटिश वैज्ञानिक। जिन्होंने हाइड्रोजन की तत्व के रूप में खोज की।

नील बोहर : डेनमार्क के वैज्ञानिक। इन्होंने आणविक संरचना का सिद्धांत प्रतिपादित किया था। 1922 में इन्हें नोबेल पुरस्कार मिला था।

कॉपरनिक्स : ये पोलैण्ड के प्रसिद्ध नक्षत्र शास्त्री थे, जिन्होंने सौरमण्डल का पता लगाया था।

ओटोहान : जर्मनी के वैज्ञानिक। इन्होंने 'परमाणु विखण्डन' में सफलता प्राप्त की और एटम बम तैयार किया था।

माइकिल फैराडे : ब्रिटिश वैज्ञानिक। इन्होंने विद्युत विश्लेषण के नियम का प्रतिपादन किया और विद्युत चुम्बकीय क्षेत्र में महत्त्वपूर्ण योगदान दिया।

मैडम मेरी क्यूरी : ये पोलैण्ड की वैज्ञानिक थीं, बाद में इन्होंने फ्रांस की नागरिकता ग्रहण कर ली। इन्होंने रेडियम की खोज की थी। इन्हें 1903 तथा 1911 में नोबेल पुरस्कार मिले थे।

डॉ. ई.सी. जार्ज सुदर्शन : इन्होंने आइंसटाइन के सापेक्षिकता के सिद्धांत में संशोधन करके यह सिद्ध किया कि टेक्योन के कण प्रकाश की अपेक्षा अधिक तेज चलते हैं।

जॉन डाल्टन : ब्रिटिश वैज्ञानिक। इन्होंने परमाणु के सिद्धांत का प्रतिपादन किया था तथा 'गणित अनुपात' का नियम भी प्रतिपादित किया था।

सर आइजक न्यूटन : ब्रिटिश वैज्ञानिक, जिन्होंने गुरुत्वाकर्षण की खोज की।

डेनियल रदरफोर्ड : स्कॉटलैंड के वैज्ञानिक, जिन्होंने नाइट्रोजन की खोज की थी।

अहमद जेवैल : इजिप्शन व अमेरिकन नागरिकता प्राप्त वैज्ञानिक अहमद जेवैल को 1999 का रसायन विज्ञान का 'नोबेल पुरस्कार' प्रदान किया गया। इन्होंने यह खोज की कि रासायनिक क्रियाओं के दौरान अणुओं में परमाणुओं के चलन को रैपिड लेजर तकनीक द्वारा कैसे देखा जा सकता है।

14. पुरस्कार / सम्मान

डॉ. कलाम की जीवन गाथा किसी रोचक उपन्यास के महानायक की तरह रहा है। उनके द्वारा किए गए विज्ञान एवं प्रौद्योगिकी विकास के कारण उन्हें विभिन्न संस्थाओं ने अनेकानेक पुरस्कारों सम्मानों से नवाजा, जिनमें से कुछ निम्नानुसार हैं–

पद्मभूषण सम्मान

26 जनवरी, 1981 को गणतंत्र दिवस के अवसर पर डॉ. कलाम के जीवन में एक और महत्त्वपूर्ण उपलब्धि जुड़ गई, जब उन्हें 'पद्मभूषण' से सम्मानित किया गया। इस सम्मान से न केवल कलाम सराबोर थे, बल्कि समूचा उड़ान तंत्र बाग-बाग था। अपने इस सम्मान का उल्लेख करते हुए डॉ. कलाम ने कहा–'मुझे पहली बार ऐसा अनुभव हुआ, जैसे मैं अपनी मां की गोद से लिपटा हुआ हूं और पिताजी प्रसन्नता से फूले नहीं समा रहे हैं। मेरे बहनोई जलालुद्दीन गांववालों के बीच खुशियों से झूम रहे हैं और मेरी बहन मिठाइयां बनाने में जुटी है। लक्ष्मण शास्त्री आशीर्वाद दे रहे हैं। फादर सोलोमन, प्रो. साराभाई-सभी शुभचिंतकों की भीड़ में मैं उनका चहेता बना हुआ हूं।'

पद्मविभूषण सम्मान

1990 में गणतंत्र दिवस पर भारत ने अपने मिसाइल कार्यक्रम की कामयाबी का जश्न मनाया। इस अवसर पर डॉ. कलाम और डॉ. अरुणाचलम को पद्मविभूषण से सम्मानित किया गया। इसके अलावा कलाम के दो अन्य सहकर्मियों जे.एस. भट्टाचार्य एवं आर.एन. अग्रवाल को भी पद्मश्री से नवाजा गया। स्वतंत्र भारत के इतिहास में यह पहली मर्तबा हुआ कि एक ही संस्थान से जुड़े इतने वैज्ञानिकों के नाम पद्म पुरस्कारों की सूची में शामिल हुए।

भारत रत्न

डॉ. ए.पी.जे. अब्दुल कलाम को वैज्ञानिक के रूप में उनकी उपलब्धियों के कारण उनकी ऐतिहासिक सेवाओं का मूल्यांकन करते हुए भारत सरकार ने भारत के सर्वोच्च नागरिक सम्मान 'भारत रत्न' से 25 नवंबर, 1997 में सम्मानित किया गया। पूर्व राष्ट्रपति को यह सम्मान 'पृथ्वी', 'आकाश', 'त्रिशूल', 'नाग', 'अग्नि', जैसी महत्त्वपूर्ण मिसाइलों का निर्माण करके भारतीय रक्षा प्रणाली को विश्व में अग्रिम पंक्ति में लाकर खड़ा करने के लिए दिया गया। स्वदेशी साधनों के बल पर अंतरिक्ष प्रोद्यौगिकी की यह सफलता, देश के लिए अभूतपूर्व गर्व का विषय थी, जिसने हर भारतीय का सिर गर्व से ऊंचा कर दिया था।

डॉ. कलाम को मिले पुरस्कारों की सूची निम्नलिखित हैं-

- नेशनल डिजाइन एवार्ड-1980 (इंस्टीट्यूशन ऑफ इंजीनियर्स, भारत)।
- डॉ. बिरेन रॉय स्पेस अवार्ड-1986 (एरोनॉटिकल सोसाइटी ऑफ इंडिया)
- ओम प्रकाश भसीन पुरस्कार।
- राष्ट्रीय नेहरु पुरस्कार-1990 (मध्य प्रदेश सरकार)।
- आर्यभट्ट पुरस्कार-1994 (एस्ट्रोपनॉमिकल सोसाइटी ऑफ इंडिया)
- प्रो. वाई. नयूडम्मा मेमोरियल गोल्ड मेडल-1996 (आंध्र प्रदेश एकेडमी ऑफ साइंसेज)
- जी.एम. मोदी पुरस्कार-1996
- एच. के. फिरोदिया पुरस्कार-1996
- वीर सावरकर पुरस्कार-1998 आदि।

वर्ष	सम्मान	संगठन
2014	डॉक्टर ऑफ साइंस	एडिनबर्ग विश्वविद्यालय, ब्रिटेन
2012	डॉक्टर ऑफ लॉ (मानद)	साइमन फ्रेजर विश्वविद्यालय
2011	आईईईई मानद सदस्यता	आईईईई
2010	डॉक्टर ऑफ इंजीनियरिंग	वाटरलू विश्वविद्यालय
2009	मानद डॉक्टरेट	ऑकलैंड विश्वविद्यालय
2009	हूवर मेडल	ASME फाउंडेशन, संयुक्त राज्य अमेरिका
2009	अंतर्राष्ट्रीय करमन वॉन विंग्स पुरस्कार	कैलिफोर्निया प्रौद्योगिकी संस्थान, संयुक्त राज्य अमेरिका
2008	डॉक्टर ऑफ इंजीनियरिंग (मानद उपाधि)	नानयांग प्रौद्योगिकी विश्वविद्यालय, सिंगापुर

2008	डॉक्टर ऑफ साइन्स (मानद उपाधि)	अलीगढ़ मुस्लिम विश्वविद्यालय, अलीगढ़
2007	किंग चार्ल्स द्वितीय पदक	रॉयल सोसायटी, यूनाइटेड किंगडम
2007	डॉक्टर ऑफ साइन्स (मानद उपाधि)	वूल्वर हैंप्टन विश्वविद्यालय, यूनाईटेड किंगडम
2000	रामानुजन पुरस्कार	अल्वार्स शोध संस्थान, चेन्नई
1998	वीर सावरकर पुरस्कार	भारत सरकार
1997	इंदिरा गांधी राष्ट्रीय एकता पुरस्कार	भारतीय राष्ट्रीय कांग्रेस
1997	भारत रत्न	भारत सरकार
1994	विशिष्ट शोधार्थी	इंस्टीट्यूट ऑफ डायरेक्टर्स, भारत
1990	पद्मविभूषण	भारत सरकार
1981	पद्मभूषण	भारत सरकार

डॉ. कलाम की विद्वता एवं योग्यता को दृष्टिगत रखते हुए सम्मान स्वरूप उन्हें अन्ना यूनिवर्सिटी ऑफ टेक्नोलॉजी, कल्याणी विश्वविद्यालय, हैदराबाद विश्वविद्यालय, जादवपुर विश्वविद्यालय, बनारस हिन्दू विश्वविद्यालय, मैसूर विश्वविद्यालय, रूड़की विश्वविद्यालय, इलाहाबाद विश्वविद्यालय, दिल्ली विश्वविद्यालय, मद्रास विश्वविद्यालय, आंध्र विश्वविद्यालय, भारतीदासन छत्रपति शाहूजी महाराज विश्वविद्यालय, तेजपुर विश्वविद्यालय, कामराज मदुरै विश्वविद्यालय, राजीव गांधी प्रौद्यौगिकी विश्वविद्यालय, आई.आई.टी. दिल्ली, आई.आई.टी. मुम्बई, आई.आई.टी. कानपुर, बिड़ला इंस्टीटयूट ऑफ टेक्नोलॉजी, इंडियन स्कूल ऑफ साइंस, सयाजीराव यूनिवर्सिटी ऑफ बड़ौदा, मनीपाल एकेडमी ऑफ हायर एजुकेशन, विश्वेश्वरैया टेक्नोलॉजिकल यूनिवर्सिटी ने अलग-अलग 'डॉक्टर ऑफ साइंस' की मानद उपाधियां प्रदान की।

इसके अतिरिक्त जवाहरलाल नेहरु टेक्नोलॉजी यूनिवर्सिटी, हैदराबाद ने उन्हें 'पी.एच.डी.' (डॉक्टर ऑफ फिलॉसफी) तथा विश्वभारती शान्ति निकेतन और डॉ. बाबासाहब भीमराव अम्बेडकर यूनिवर्सिटी, औरंगाबाद ने उन्हें 'डी.लिट.' (डॉक्टर ऑफ लिटरेचर) की मानद उपाधियां प्रदान कीं।

इनके साथ ही वे इंडियन नेशनल एकेडमी ऑफ इंजीनियरिंग, इंडियन एकेडमी ऑफ साइंसेज, बंगलौर; नेशनल एकेडमी ऑफ मेडिकल साइंसेज, नई दिल्ली के सम्मानित सदस्य, एरोनॉटिकल सोसाइटी ऑफ इंडिया, इंस्टीट्यूशन ऑफ इलेक्ट्रॉनिक्स एंड टेलीकम्यूनिकेशन इंजीनियर्स के मानद सदस्य, इंजीनियरिंग स्टाफ कॉलेज ऑफ इंडिया के प्रोफेसर तथा इसरो के विशेष प्रोफेसर थे।

15. एक लेखक के रूप में डॉ. कलाम

डॉ. कलाम को लिखना-पढ़ना बेहद पसंद था। वे कहते थे कि- 'पुस्तकों से मेरा घनिष्ठ संबंध रहा है। वे मेरे अच्छे मित्रों की तरह हैं, जिन्होंने मेरा हाथ थामकर मुझे रास्ता दिखाया तथा मुझे नई दिशा दी। इनके शब्दों ने मुझे संसार में होने वाली गतिविधियों से भी जोड़ दिया था। अगर मुझसे पूछा जाए कि मेरे मनपसंद लेखक कौन हैं, जिनका मुझ पर गहरा प्रभाव पड़ा तो मैं निश्चित रूप से तीन लेखकों तथा पुस्तकों के नाम बताना चाहूंगा। सबसे पहले 'लाइट फ्रॉम मेनी लैंप्स' है, जिसे लिलियन आइशलर वाटसन ने संपादित किया था। यह एक प्रेरणादायक पुस्तक थी, जिसमें विभिन्न लेखकों की प्रेरणादायी कहानियां संकलित थी। मेरे जीवन में जब भी कोई दुःख का समय आया या मैं भावनाओं के अथाह सागर में भटका तो इस पुस्तक को पढ़कर उसमें दी गई नसीहतों पर अमल करके ही मैं समस्याओं से निकलने में सक्षम रहा हूं।

दूसरी पुस्तक 'तिरुकुरल' थी, जिसकी रचना लगभग 2,000 वर्ष पहले तिरुवल्लुर ने की थी। इसमें लगभग 1,330 तमिल पद या दोहे (कुरल) हैं। यह कृति जीवन के विभिन्न विषयों का ज्ञान कराती है, सोच को उच्च भाव में पहुंचाती है, जिससे पाठक की सोच में महत्त्वपूर्ण परिवर्तन आता है। इसकी गिनती उच्च श्रेणी के तमिल साहित्य में की जाती है।

तीसरी पुस्तक नोबेल पुरस्कार विजेता तथा डॉक्टर-दार्शनिक एलेक्सिस कैरेल की पुस्तक 'मैन द अननोन' है। इस पुस्तक में मानव शरीर का स्पष्ट एवं प्रभावपूर्ण ढंग से वर्णन किया गया है और बताया गया है कि जब शरीर और मन का एक साथ उपचार किया जाता है, तब कैसे मनुष्य जल्दी स्वस्थ होता है। मेरे विचार से यह रचना हर किसी को पढ़नी चाहिए, खास तौर पर जिनका उद्देश्य चिकित्सा-विज्ञान का अध्ययन करना है।'

डॉ. कलाम केवल एक योग्य व प्रतिष्ठित वैज्ञानिक तथा पूर्व राष्ट्रपति होने के अलावा एक संवेदनशील लेखक और विचारशील कवि भी थे। वैज्ञानिक, राजनेता, उत्कृष्टता, कलात्मकता और काव्य प्रतिभा का यह संगम वास्तव में

अद्‌भुत है। अपनी क्षमता और उपलब्धियों को ईश्वर की देन मानते हुए उन्होंने अपनी प्रत्येक लेखकीय रचना को भारतवासियों के कल्याण के लिए समर्पित कर दिया है। डॉ. अब्दुल कलाम के उद्‌गारों और विचारों को जितना पढ़ा और गुणा जाए, उतनी ही एक महत्त्वपूर्ण अनुभूति होती है।

डॉ. कलाम को हिन्दी और तमिल भाषा से बहुत प्यार था। वे बेहद टूटी-फूटी हिन्दी बोलते थे, बल्कि ना के बराबर ही बोलते थे, किन्तु हिन्दी को लेकर उनका काफी लगाव था। उनके सहयोगी सृजन पाल सिंह ने बताया था कि डॉ. कलाम अपने उत्तर भारत के सैकड़ों दौरे पर अपना भाषण हिन्दी में उनसे ही बुलवाते थे, ताकि श्रोताओं को उनकी बात समझने में आसानी हो। अपने भाषण की शुरुआती चार-पांच पंक्तियां हिन्दी में बोलने के लिए वे अभ्यास किया करते थे। उनका हिन्दी प्रेम, हिन्दी विरोधियों के लिए एक मिसाल है।

डॉ. कलाम कहते थे कि- 'उनकी मजबूरी है कि वे अंग्रेजी में ही लिखते हैं, लेकिन जब तक उनकी किताब हिन्दी और तमिल में ना प्रकाशित हो जाए, उनको संतोष नहीं होता था।' वे अपनी किताबों के हिन्दी अनुवादित प्रकाशित किताबों के शीर्षक को लेकर भी खासे सतर्क रहते थे और जानना चाहते थे कि पाठक इस शीर्षक से जुड़ेगा कि नहीं। डॉ. कलाम हिन्दी में प्रकाशित किताबों के मूल्य को लेकर भी सजग रहते थे और कहते थे कि दाम कम-से-कम होने चाहिए ताकि वह अधिक-से-अधिक पाठकों तक पहुंच सकें।

डॉ. कलाम की पुस्तकें मूलतः अंग्रेजी में लिखी गई हैं, लेकिन उनकी सभी पुस्तकें हिन्दी के अलावा अन्य भारतीय भाषाओं और विदेशी भाषाओं में भी अनुवाद करके प्रकाशित की गई हैं।

डॉ. कलाम की लिखी पुस्तकें निम्नलिखित हैं:

- **'विंग्स ऑफ फायर' (अंग्रेजी)**

  'अग्नि की उड़ान' (हिन्दी अनुवादित)

  प्रस्तुत पुस्तक डॉ. कलाम के जीवन की ही कहानी नहीं है, बल्कि यह डॉ. कलाम के स्वयं के ऊपर उठने और उनके व्यक्तिगत एवं पेशेवर संघर्षों की कहानी के साथ-साथ 'अग्नि', 'पृथ्वी', 'आकाश', 'त्रिशूल' और 'नाग' मिसाइलों के विकास की भी कहानी है, जिसने अंतर्राष्ट्रीय स्तर पर भारत को मिसाइल संपन्न देश के रूप में जगह दिलाई। यह टेक्नोलॉजी एवं रक्षा के क्षेत्र में भारत के आत्मनिर्भर बनने की भी कहानी है।

- **'माय जर्नी (अंग्रेजी)**

  'मेरी जीवन-यात्रा' (हिन्दी अनुवादित)

  यह पुस्तक डॉ. कलाम के अतीत की यादों से भरी, बेहद निजी अनुभवों

की ईमानदार कहानी है, जो जितनी असाधारण है, उतनी ही अधिक प्रेरक, आनंददायक और उत्साह से भर देने वाली है। बंगाल की खाड़ी के पास स्थित छोटे से गांव में बिताए बचपन के बारे में तथा वैज्ञानिक बनने, फिर देश का राष्ट्रपति बनने के सफर में आई बाधाओं, संघर्षों और उनपर विजय पाने संबंधी अनेक बातें उन्होंने बताई हैं।

- **'2020-ए विजन फॉर द न्यू मिलेनियम' (अंग्रेजी) 1998**

  सह लेखक-वाई. एस. राजन

  'भारत 2020 और उसके बाद' (आनेवाले कल की तस्वीर)-(हिन्दी)

  इस पुस्तक में भारत अभी भी एक दशक के भीतर ही विकसित देशों की सूची में शामिल हो सकता है, इस रूपांतरण के लिए एक पूरी कार्ययोजना प्रदान करती है।

- **'इनविजनिंग ऐन इम्पावर्ड नेशन : टेक्नोलॉजी फॉर सोसाइटल ट्रांसफॉरमेशन' (अंग्रेजी)**

  सह लेखक - ए. सिवाथनु पिल्लई

  'मेरे सपनों का भारत' (हिन्दी अनुवादित)

  प्रस्तुत पुस्तक में लेखकद्वय डॉ. कलाम व डॉ. ए. सिवाथनु पिल्लई ने भारत एक विकसित राष्ट्र कैसे बने, इसकी प्रक्रिया का बड़ी ही सूक्ष्मता और गहराई से विश्लेषण किया है। हाल के वर्षों में, जीवन स्तर को बेहतर बनाने में प्रौद्योगिकी ने महत्त्वपूर्ण भूमिका निभाई है। प्रौद्योगिकी एक ऐसा इंजन है, जिसमें देश को विकास तथा संपन्नता की ओर ले जाने और राष्ट्रों के समूह में उसे आवश्यक प्रतिस्पर्धात्मक लाभ उपलब्ध कराने की क्षमता है। आज भारत के पास प्रक्षेपण यानों, मिसाइलों तथा वायुयानों के सिस्टम डिजाइन, सिस्टम इंजीनियरिंग, सिस्टम इंटीग्रेशन तथा सिस्टम मैनेजमेंट की योग्यता और महत्त्वपूर्ण प्रौद्योगिकियों के विकास की क्षमता है-इस पुस्तक में इन सभी पहलुओं पर अनुकरणीय प्रकाश डाला गया है।

- **'गाइडिंग सोल्स' (अंग्रेजी)**

  सह लेखक- अरुण के. तिवारी

  'हमारे पथ प्रदर्शक' (हिन्दी अनुवाद)

  डॉ. कलाम के महान व्यक्तित्व के एक पक्ष वैज्ञानिक स्वरूप एवं प्रगतिशील चिंतन से सभी परिचित रहे हैं, उनके व्यक्तित्व का दूसरा प्रबल पक्ष उनका आध्यात्मिक चिंतन है। प्रस्तुत पुस्तक में डॉ. कलाम की आध्यात्मिक चिंतन प्रक्रिया का विस्तार से वर्णन है। यह पुस्तक प्रत्येक भारतीय को प्रेरित कर मानवता का मार्ग प्रशस्त करने की क्षमता रखती है।

- **'मिशन इंडिया-ए विजन फॉर इंडियन यूथ' (अंग्रेजी)**

सह लेखक - वाई.एस. राजन

'महाशक्ति भारत' (हिन्दी)

इस पुस्तक में भारत के महाशक्ति बनने के स्वरूप की रूपरेखा और योजनाओं का जो खाका प्रस्तुत किया है, वह व्यावहारिक है। उन्होंने देश भर के पांच लाख से अधिक छात्रों से भेंट कर उनसे 'महाशक्ति भारत' के स्वप्न को रचनात्मक कार्यो द्वारा साकार करने का आहवान किया है और बताया है कि वे कौन से कारक हैं, जिनसे भारत विकसित राष्ट्र बनने की राह पर चलता हुआ एक महाशक्ति के रूप में उभरकर सामने आनेवाला है। सभी छात्रों व युवाओं हेतु प्रेरणापद व उपयोगी इस पुस्तक में, उनके महत्त्वपूर्ण क्षेत्रों में भारत की वर्तमान स्थिति का आकलन करते हुए एक नया लक्ष्य निर्धारित करके उसे प्राप्त करने के उपायों का विश्लेषण करने के साथ ही देश के समग्र विकास में व्यक्तिगत और संस्थागत स्तर पर देशवासियों द्वारा निभाई जा सकनेवाली भूमिका रेखांकित की गयी है।

- **'यू आर बॉर्न टू ब्लॉस्म' (अंग्रेजी)**

'विजयी भव' (हिन्दी)

प्रस्तुत पुस्तक राष्ट्रीय परिप्रेक्ष्य में चिंतन के विविध आयामों को खोलती है, अनेक व्यावहारिक चुनौतियां प्रस्तुत करती है और कई महत्त्वपूर्ण प्रश्न पाठकों के सामने रखती है। इसमें शिक्षा व शिक्षण की पृष्ठभूमि, मानव जीवन-चक्र, परिवार के सदस्यों के बीच पारस्परिक संबंध, कार्य की उपयोगिता, नेतृत्व के गुण, विज्ञान की प्रकृति, अध्यात्म तथा नैतिकता पर विस्तृत प्रकाश डाला गया है। यह पुस्तक हमें सामाजिक एवं राष्ट्रीय जीवन में अपनी प्रवीणताओं और कुशलताओं के साथ विजयी होने की प्रेरणा देती है।

- **'चिल्ड्रेन आस्क कलाम' (अंग्रेजी)**

'हम होंगे कामयाब' (हिन्दी अनुवादित)

प्रश्नोत्तर शैली में प्रस्तुत यह पुस्तक भारत के पूर्व राष्ट्रपति डॉ. कलाम द्वारा बच्चों से बातचीत पर आधारित है। इसमें डॉ. कलाम के जीवन के अनूठे प्रसंगों और भारत को एक विकसित राष्ट्र बनाने के उनके महान स्वप्न तथा शिक्षा, स्वास्थ्य, विज्ञान, चिकित्सा, उद्योग व प्रौद्योगिकी एवं देश को विकसित बनाने वाले अन्य महत्त्वपूर्ण क्षेत्रों के बारे में बच्चों से उनकी रोचक व प्रेरक बातचीत प्रस्तुत है।

- **'येनूदया प्रायना' (तमिल)**

'द लाइफ ट्री' (अंग्रेजी अनुवादित)

'जीवन वृक्ष' (हिन्दी अनुवादित)

जीवन के विविध रंगों और माननीय संवेदनाओं से सज्जित डॉ. कलाम की

कविताओं का यह वृक्ष भारत तथा इसकी समृद्ध संस्कृति के प्रति, ईश्वर एवं मानवता के प्रति इनके अनुराग की अद्‌भुत अभिव्यक्ति है। अपनी कविताओं के माध्यम से उन्होंने निःस्वार्थ सेवा, समर्पण और सच्चे विश्वास का संदेश दिया है।

- **'इग्नीटेड माइंडस : अनलीशिंग द पावर विदीन इंडिया' (अंग्रेजी)**

  'तेजस्वी मन : महाशक्ति भारत की नींव' (हिन्दी अनुवादित)

  भारत के पूर्व राष्ट्रपति डॉ. कलाम ने आने वाले वर्षों में भारत को एक महाशक्ति के रूप में स्थापित करने का स्वप्न देखा था और इसे साकार करने की संभावना उन्हें भारत की युवा शक्ति में नजर आती थी। डॉ. कलाम का इस पुस्तक को लिखने का उद्‌देश्य बच्चों-युवाओं को प्रेरित कर उन्हें शक्ति-संपन्न भारत की नींव बना सकें, यह था।

- **'डेवलपमेंटस इन फ्ल्यूड मैकेनिक्स एण्ड स्पेस टेक्नोलॉजी' (अंग्रेजी) 1988**

  सह लेखक- आर. नरसिम्हा

  इस पुस्तक में फ्ल्यूड मैकेनिक्स और स्पेस तकनीक को विस्तार करने के हिसाब से उसकी विस्तृत योजना तथा रूपरेखा पर प्रकाश डाला गया है।

- **'ट्रांससेन्डेन्स माय स्प्रीचुअल एक्सपीरियंसेज विद प्रमुख स्वामीजी' (अंग्रेजी)**

  'सुखी परिवार समृद्ध राष्ट्र' (हिन्दी अनुवादित)

  सह लेखक : आचार्य महाप्रज्ञ

  इस विचार-प्रधान पुस्तक 'सुखी परिवार, समृद्ध राष्ट्र' में लेखकद्वय के द्वारा परिवार, समाज और राष्ट्र के प्रति सरोकारों को रेखांकित किया गया है। इन दोनों विशिष्ट व्यक्तियों का समाज के प्रति समर्पण और उसकी उन्नति के प्रति चिंता सर्वविदित है, परंतु विसंगतियों के बावजूद उसके सशक्त होने की क्षमता पर भी उन्हें पूरा भरोसा है। यह दर्शन ही इस पुस्तक का मूल सिद्धान्त है।

इनके अलावा डॉ. कलाम की लिखी अन्य चर्चित पुस्तकें हैं-

'इन्सपाइरिंग थॉटस', 'द ल्यूमिनिअस स्पार्क्स', 'इन्डोमिटेबल स्प्रिट', 'टारगेट थ्री बिलियन' (2011), सह लेखक-सृजन पाल सिंह, **'ए मेनीफेस्टो फॉर चेंज:सीक्वल टू इंडिया 2020;** सह लेखक-वी. पोनराज, **'टनिंग प्वाइंटस : ए जर्नी थ्रू चैलेंजेस'** (2012), **'रिग्नीटेड : सांइटीफिक पैथवेज टू ए ब्राइटर फ्यूचर'** (2005), **'फॉर्ग योर फ्यूचर : कैंडिड, फॉर्थराइट, इन्सपाइरिंग'** (2014)।

डॉ. कलाम ने तमिल भाषा में कविताएं भी लिखी हैं, जो अनेक पत्र-पत्रिकाओं में प्रकाशित हुई हैं।

16. दो प्रेरक कविताएं

डॉ. कलाम ने दो कविताएं भी लिखीं। अंग्रेजी भाषा में लिखी उनकी ये रचनाएं किसी को भी प्रेरित करने की क्षमता रखती हैं:-

1

मेरी राष्ट्रीय प्रार्थना

स्वतंत्र भारतोदय का भव्य दृश्य वह अर्द्धरात्रि,
जब दो शताब्दियों के शासक का ध्वज नीचे उतरा;
भारतीय तिरंगा राष्ट्र गीत के साथ लाल किले पर फहराया।
यह स्वतंत्र भारत के पहले दर्शन की शुरुआत थी।
सब ओर आनन्द हो, चारों ओर खुशियां हों,
एक कोमल चीख भी थी; कहां हैं राष्ट्रपिता?
श्वेत वस्त्रों से लिपटी आत्मा दु:ख और पीड़ा में थी।
घृणा और अहम जिनमें भर दिया गया था,
वो साम्प्रदायिक हिंसा उगल रहे थे।
नंगे पैर घूम रहा था महात्मा, जो राष्ट्रपिता था,
बंगाल की गलियों में शांति और एकता के लिए।
महात्मा की पवित्र आत्मा की ताकत से
मैं उस सर्वशक्तिमान से प्रार्थना करता हूं :
कब होगी शुरुआत दूसरे दर्शन की?
मेरे देशवासियों को विचारशील बनाओ
और उन विचारों को कर्मों में बदलो।
लोगों और राष्ट्र चालकों को यह समझाओ
कि राष्ट्र किसी व्यक्ति से बड़ा होता है।
मेरे देश के सभी राजनेताओं की सहायता करो
कि वे देश को शांति और संपन्नता के साथ शक्तिशाली बनाएं।

मेरे सभी धार्मिक नेताओं को शक्ति दो
कि वे हमारे लाखों लोगों में 'दिमागी एकता' की स्थापना करें।

ओ सर्वशक्तिमान!
मेरे सभी देशवासियों को कर्म करने और
हमारे देश को विकासशील से विकसित राष्ट्र
बनाने का आशीर्वाद दो।
यह दूसरा दर्शन मेरे देशवासियों के पसीने से साकार हो,
और युवाओं को विकसित भारत में रहने का आशीर्वाद दो।

2

युवा गीत

भारत के युवा नागरिक के रूप में राष्ट्र के लिए तकनीकी-संपन्न,
शस्त्र ज्ञान और प्रेम, मैं समझता हूं कि छोटा उद्देश्य एक अपराध है।
मैं एक महान दर्शन के लिए कर्म करूंगा और पसीना बहाऊंगा,
वह दर्शन है-भारत को विकसित राष्ट्र बनाना,
मान्य तंत्र के साथ आर्थिक मजबूती द्वारा शक्ति देना।
मैं लाखों नागरिकों में से एक हूं;
केवल दर्शन ही लाखें आत्माओं को जगाएगा।
यह दर्शन मेरे अंदर समा गया है, प्रज्वलित आत्मा की तुलना
पृथ्वी के सबसे शक्तिशाली संसाधन से की जा सकती है,
पृथ्वी के ऊपरी संसाधन से भी और भीतरी संसाधन से भी।
विकसित भारत के दर्शन की प्राप्ति के लिए
मैं ज्ञान का दीप जलाए रखूंगा।
यदि हम प्रज्वलित मस्तिष्कों के साथ
इस महान दर्शन के लिए कार्य करें और पसीना बहाएं
तो यह परिवर्तन चमकदार विकसित भारत के
जन्म के रूप में घटित होगा।
मैं सर्वशक्तिमान ईश्वर से प्रार्थना करता हूं :
'हमारे देशवासियों के मन में
दिव्य शांति और सुंदरता का समावेश हो;
हमारे तन, मन और मस्तिष्क में
खुशहाल और आरोग्य के फूल खिलें।'

(अंग्रेजी से भावानुवाद)

17. प्रेरणादायी टिप्पणियां

डॉ. कलाम के कुछ महत्त्वपूर्ण कथन, जिनसे हमें काफी प्रेरणा मिलती हैं-

- हर किसी को ज़िंदगी में विफलताओं और सफलताओं का मुकाबला करना सीखना चाहिए।
- अपने अभियान में सफल होने के लिए आपको अपने लक्ष्य के प्रति समर्पित होना चाहिए।
- आपकी शांति वार्ता का तब तक किसी पर असर नहीं पड़ता, जब तक आप शस्त्र संपन्न न हों। हमारा दावा है कि अगले 10 वर्षों में भारत पूर्णरूप से आग्नेयास्त्रों के मामले में आत्मनिर्भर हो जाएगा।
- मैं संवाद पटु नहीं हूं, लेकिन स्वयं को एक कुशल संवाहक मानता हूं। यह जानना बहुत ही महत्त्वपूर्ण है कि संवाद दो पक्षों के बीच होने वाली ऐसी प्रक्रिया है, जिसमें दोनों पक्ष आपस में एक-दूसरे को विशिष्ट सूचना देते हैं अथवा लेते हैं।
- जब भी बोलें सत्य बोलें; प्रतिज्ञा करके उसका निर्वाह करें।
- चिंतन को अपनी पूंजी बनाएं। इसमें उतार-चढ़ाव आएं तो घबराएं नहीं, अंत में जीत आपकी ही होगी।
- चिंतन ही उन्नति है। अचिंतन गतिहीनता है-व्यक्ति, संगठन अथवा देश, सभी के लिए। चिंतन ही हमें कर्मशील बनाते हैं। बिना कर्म के ज्ञान अनुपयोगी और अप्रासांगिक होता है। कर्म के साथ ज्ञान दुर्भाग्य को भी सौभाग्य में बदल देता है।
- अच्छे कार्य कौन-से हैं? किसी को खुश करना, भूखे का पेट भरना, जरूरतमंद की मदद करना, लोगों के दुःख-दर्द बांटना और दीन-दुखियों की सेवा करना।
- ईश्वर के सभी प्राणी उनके परिवार की भांति हैं-और जो लोग ईश्वर के बनाए प्राणियों की सेवा करते हैं, उन्हें ईश्वर सबसे अधिक प्रेम करते हैं।
- ईश्वर ने यह वचन नहीं दिया है कि आकाश सदा नीला रहेगा, जीवन

भर हमारी राहों में फूल बिछे रहेंगे, वर्षा नहीं होगी, सूरज सदा चमकेगा, दु:खरहित आनन्द मिलता रहेगा, पीड़ा रहित शांति होगी...।

- सपना वो नहीं है जो आप नींद में देखें, सपने वो हैं जो आपको नींद ही नहीं आने दे।
- इंतजार करने वालों को सिर्फ उतना ही मिलता है, जितना कोशिश करने वाले छोड़ देते हैं।
- जीवन में कठिनाइयां हमें बर्बाद करने नहीं आती है, बल्कि यह हमारी छुपी हुई सामर्थ्य और शक्तियों को बाहर निकालने में हमारी मदद करती है। कठिनाइयों को यह जान लेने दो कि आप उससे भी ज्यादा कठिन हो।
- अपने मिशन में कामयाब होने के लिए, आपको अपने लक्ष्य के प्रति एकचित्त निष्ठावान होना पड़ेगा।
- मेरा यह सन्देश विशेष रूप से युवाओं के लिए है। उनमें अलग सोच रखने का साहस, नए रास्तों पर चलने का साहस, आविष्कार करने का साहस होना चाहिए। उन्हें समस्याओं से लड़ना और उनसे जीतना आना चाहिए। ये सभी महान गुण हैं और युवाओं को इन गुणों को अपनाना चाहिए।
- बारिश के दौरान सारे पक्षी आश्रय की तलाश करते हैं, लेकिन बाज बादलों के ऊपर उड़कर बारिश को ही नकार देता है। समस्याएं समान हैं, लेकिन आपका व्यवहार इनमें अंतर पैदा करता है।
- आइए हम अपने आज का बलिदान कर दें ताकि हमारे बच्चों का कल बेहतर हो सके।
- ज़िंदगी और समय, विश्व के दो सबसे बड़े अध्यापक हैं। ज़िंदगी हमें समय का सही उपयोग करना सिखाती है, जबकि समय हमें ज़िंदगी की उपयोगिता बताता है।
- जो लोग जिम्मेदार, सरल, ईमानदार एवं मेहनती होते हैं, उन्हें ईश्वर द्वारा विशेष सम्मान मिलता है, क्योंकि वे इस धरती पर उसकी श्रेष्ठ रचना हैं।
- अंग्रेजी आवश्यक है, क्योंकि वर्तमान में विज्ञान के मूल काम अंग्रेजी में हैं। मेरा विश्वास है कि अगले दो दशक में विज्ञान के मूल काम हमारी भाषाओं में आने शुरू हो जाएंगे, तब हम जापानियों की तरह आगे बढ़ सकेंगे।
- सफलता की कहानियां मत पढ़ो, उससे आपको केवल एक सन्देश मिलेगा। असफलता की कहानियां पढ़ो, उससे आपको सफल होने के कुछ विचार मिलेंगे।
- ब्लैक कलर भावनात्मक रूप से बुरा होता है, लेकिन हर ब्लैक बोर्ड

विद्यार्थियों की ज़िंदगी चमकदार बनाता है।

- मैं एक हैंडसम इंसान नहीं हूं, लेकिन मैं अपना हैंड उस किसी भी व्यक्ति को दे सकता हूं जिसको कि मदद की जरूरत है। सुंदरता हृदय में होती है, चेहरे में नहीं।
- जब तक भारत दुनिया में अपने कदमों पर खड़ा नहीं है, तब तक हमारा कोई आदर नहीं करेगा। इस दुनिया में डर के लिए कोई जगह नहीं है। केवल ताकत ही ताकत का सम्मान करती है।
- अपने जीवन में उच्चतम एवं श्रेष्ठ लक्ष्य रखो और उसे प्राप्त करो।
- भारत को अपनी ही छाया चाहिए और हमारे पास स्वयं के विकास का प्रतिरूप होना चाहिए।
- क्या हम यह नहीं जानते कि आत्मसम्मान आत्मनिर्भरता के साथ आता है?
- हम केवल तभी याद किए जाएंगे, यदि हम हमारी युवा पीढ़ी को एक समृद्ध और सुरक्षित भारत दे सके, जो कि सांस्कृतिक विरासत के साथ-साथ आर्थिक समृद्धि के परिणामस्वरूप प्राप्त हो।
- देश का सबसे अच्छा दिमाग, क्लास रूम की आखिरी बेंचों पर मिल सकता है।
- जब हमारे सिग्नेचर (हस्ताक्षर), ऑटोग्राफ में बदल जाएं तो यह सफलता की निशानी है।
- जब हम दैनिक समस्याओं से घिरे रहते हैं, तो हम उन अच्छी चीजों को भूल जाते हैं, जो कि हम में हैं।
- हरेक विश्वविद्यालय का हर दीक्षांत समारोह किसी बांध के विशाल द्वारों को खोलने के समान होता है, जिससे निकला प्रवाह, संस्थानों, संगठनों एवं उद्योगों द्वारा राष्ट्र निर्माण की फसलें सींचने हेतु पानी के स्रोतों और दरियाओं में बदलकर दूर-दूर तक फैल जाता है।
- हम एक राष्ट्र के रूप में विदेशी चीजों से लगाव क्यों कर रहे हैं? क्या यह हमारे औपनिवेशिक युग की एक विरासत है। हम विदेशी टीवी सेट खरीदना चाहते हैं। हम विदेशी शर्ट पहनना चाहते हैं। हम विदेशी प्रौद्योगिकी खरीदना चाहते हैं, सब कुछ आयात करने का यह कैसा जुनून है?
- जीवन एक कठिन खेल है। आप इस जन्मसिद्ध अधिकार को केवल एक व्यक्ति बनकर ही जीत सकते हैं।
- प्रकृति से सीखो, जहां सब कुछ छिपा है।
- महान सपने देखने वालों के महान सपने हमेशा पूरे होते हैं।
- मंजिल चाहे कितनी भी ऊंची क्यों न हो, रास्ते हमेशा पैरों के नीचे ही होते

हैं। बस केवल उन रास्तों को चुनने के लिए एक निर्देशन की जरूरत होती है।

- जीवन में किसी भी बाधा या मुश्किल से निपटने के लिए एक बहुत अच्छा तरीका यह है कि आप अपने लिए कोई 'प्रेरणा स्रोत' खोज लें।
- जब तक सौरमंडल में पृथ्वी अपने कक्ष में विद्यमान है और सूरज के इर्द-गिर्द अपने पथ पर गतिमान है, हर घड़ी शुभ है।
- कृत्रिम सुख की बजाए ठोस उपलब्धियों के पीछे समर्पित रहिए।
- शिखर तक पहुंने के लिए ताकत चाहिए होती है, चाहे वो माउंट एवरेस्ट का शिखर हो या आपका पेशा।
- भगवान ने हमारे मस्तिष्क और व्यक्तित्व में असीमित शक्तियां और क्षमताएं दी हैं। ईश्वर की प्रार्थना हमें इन शक्तियों को विकसित करने में मदद करती हैं।
- इंसान को कठिनाइयों की आवश्यकता होती है, क्योंकि सफलता का आनंद उठाने के लिए यह जरूरी है।
- अगर किसी देश को भ्रष्टाचार मुक्त और सुन्दर मन वाले लोगों का देश बनाना है, तो मेरा दृढ़तापूर्वक मानना है कि समाज के तीन प्रमुख सदस्य ये कर सकते हैं: माता, पिता और गुरु।
- छोटी सोच अपराध है। व्यक्ति के आगे बढ़ने में सपने ज्यादा मददगार होते हैं। छोटे सपने देखना अपराध है। एडिसन हों या न्यूटन या आइंस्टीन, सबने बड़े सपने ही देखें।
- तीन चीजों पर हमेशा ध्यान दें। सही निर्णय। सही निर्णय कैसे? अनुभव से अनुभव कैसे? गलत निर्णय से।
- नई सोच का दुस्साहस दिखाओ। अलग ढंग से सोचो। आविष्कार का साहस करो। हमेशा असंभव को खोजने का साहस करो और जीतो व्यक्ति सफलता के पीछे भागता है, लेकिन उसे ज्ञान के पीछे भागना चाहिए।
- उत्साह के अभाव में किया गया कार्य उस स्वादहीन भोजन के समान होता है जिसे क्षुधापीड़ित व्यक्ति खा तो लेता है, किन्तु उसे तृप्ति नहीं मिलती। इसके विपरीत, स्नेहपूर्वक बनाया गया भोजन संतुष्टि प्रदान करता है। इसी प्रकार हर बड़े काम को करने के लिए उत्साह तथा लगन का होना आवश्यक है। इससे मनुष्य सहज ही अपने लक्ष्य को प्राप्त कर लेता है।

18. मिसाइल मैन से राष्ट्रपति तक

डॉ. कलाम की 'उड़ान' भले ही थम गई हो; नए वैज्ञानिकों के पदार्पण से देश भले ही आज सुशोभित हो रहा हो, किन्तु क्या हम भारत के इस 'लाल' की उपलब्धियों को भुला सकते हैं?

इसका उत्तर 'नहीं' में ही हो सकता है। जरा सोचिए-देश कैसे बनता है? क्या देश ठंडे सोच-विचार से बनता है, शांति वार्ता से बनता है अथवा फिर राजनेताओं की समझदारी से देश का निर्माण होता है? हमारा मानना है कि एक सशक्त देश के निर्माण के लिए इन भाव वाचक अभिव्यक्तियों की कहीं आवश्यकता नहीं होती, बल्कि एक सशक्त देश के निर्माण के लिए ज्ञान, विज्ञान एवं वैज्ञानिक समझ-बूझ की आवश्यकता होती है और वैज्ञानिक समझ-बूझ उत्पन्न होती हैं-समर्पण, निष्ठा और लगन से।

भारत को अपने पैरों पर खड़े हुए लगभग छः दशक हो चुके हैं। इस युग परिवर्तन के दौरान हमने कई बार संगठन और विघटन के तांडव को देखा, किन्तु बिना विचलित हुए अब तक अपनी कर्मभूमि की अस्मिता को बचाए रखा है। बात चाहे किसी व्यक्ति की हो अथवा देश की उन्नति की, आधी शताब्दी से भी अधिक का समय कम नहीं होता। इस बिंदु पर पहुंचकर हम उस रास्ते पर भी दृष्टि डाल सकते हैं, जिसे पार कर हम विकासशील देशों की अग्र पंक्ति में आ खड़े हुए हैं।

सम्पूर्ण भारतवासियों को गर्व है कि देश को डॉ. कलाम जैसे भारत रत्न राष्ट्रपति मिले। डॉ. कलाम ने 25 जुलाई, 2002 को इस गरिमामय पद का कार्यभार ग्रहण किया था। वे पहले ऐसे राष्ट्रपति थे, जिन्हें न सिर्फ दर्शन एवं अध्यात्म से लगाव था, बल्कि वे परमाणु बम प्रौद्योगिकी के भी विद्वान थे और नई पीढ़ी के प्रेरणास्रोत भी। उनका दृढ़ निश्चय और किसी भी कार्य को लक्ष्य तक ले जाने की क्षमता के कारण ही उन्हें 'मिसाइल मैन' कहा जाता है। उन्होंने जो निश्चय कर लिया, जो ठान लिया, उसे पूरा करके ही दम लिया।

डॉ. कलाम का जीवन अनेक परिस्थितियों से गुजरा। बाल्यावस्था से ही उन्हें पढ़ने की लगन थी। यद्यपि जिस तरह के गृहस्थ परिवार में वे पैदा हुए थे, वहां पढ़ाई का वातावरण नहीं था। किन्तु पिता चाहते थे कि उनका बेटा खूब पढ़े और देश का नाम रोशन करे।

पिता के इसी इच्छा ने एक साधारण अब्दुल कलाम को इंजीनियर अब्दुल कलाम, डॉ. अब्दुल कलाम, मिसाइल मैन अब्दुल कलाम और राष्ट्रपति अब्दुल कलाम की ऊंचाई पर लाकर खड़ा किया। डॉ. अब्दुल कलाम सदैव अपनी जीत के प्रति अपनी सफलता के प्रति आश्वस्त रहे।

देश की उन्नति और विकास को अंजाम देने के लिए डॉ. कलाम 11 मई, 1998 को फौजी वर्दी पहने पोखरण में उपस्थित थे। उस समय वे रक्षा अनुसंधान के प्रमुख के रूप में मिसाइल मैन से कहीं अधिक देश के रक्षक लग रहे थे।

11 और 13 मई, 1998 को क्रमश: 3 और 2 सफल परमाणु परीक्षणों के बाद वाजपेयी ने कहा था कि इन परीक्षणों ने भारत को शक्ति दी है। उनके इस कथन से विश्व और भारत के उदारपंथी भले ही बौखला उठे हों, लेकिन कलाम की टीम और उनके राजनीतिक संरक्षकों के लिए 1974 में किए गए परमाणु परीक्षणों की तरह ये परीक्षण भी प्रतिरोध शक्ति देने के अतिरिक्त आत्मविश्वास बढ़ाने वाले थे। सर्वविदित है कि इन परीक्षणों के चलते देश की छवि बदल गई। परमाणु परीक्षणों ने सम्पूर्ण विश्व के समक्ष भारत को एक सशक्त राष्ट्र के रूप में प्रस्तुत किया।

डॉ. ए.पी.जे. अब्दुल कलाम को यदि एक असाधारण राष्ट्रपति कहा जाए तो गलत नहीं होगा। बात केवल उनके केश विन्यास की ही नहीं है, बल्कि अन्य राष्ट्रपतियों की तुलना में उन्हें जहां औपचारिक वस्त्रों से परहेज था, वहीं अपने ऊपर होने वाले सरकारी खर्चों और तामझाम से भी। अपनी सहजता तथा भावनाजन्य ऊर्जा के लिए पहचाने जाने वाले इस महान् व्यक्ति के संस्कार को हम 'कलामपंथ' जैसे विशेषण से भी परिभाषित कर सकते हैं। उनके सादगीपूर्ण निष्कपट स्वभाव के कारण ही भारत का बच्चा-बच्चा तक यह मानता है कि कलाम औरों से हटकर एक 'सरल' राष्ट्रपति थे।

राष्ट्रपति को उनके व्यक्तिगत कार्यों के लिए अनेक सहायक मिलते हैं। उन्हें जूते पहनाने एवं उतारने वाले सहायक भी मिलते हैं। किन्तु राष्ट्रपति कलाम जूते पहनने अथवा उतारने में किसी की सहायता लेना कदापि स्वीकार नहीं करते थे। वे अपना कार्य स्वयं करना पसंद करते थे। वे सादा और शाकाहारी भोजन पसंद करते थे और वह भी विशुद्ध भारतीय तरीके से। डॉ. कलाम की हार्दिक इच्छा थी-भारत को विकसित देशों की श्रेणी में ला खड़ा करने की।

उन्होंने राष्ट्रपति भवन के 330 एकड़, कदमों से नाप डाले थे। दो मत नहीं कि डॉ. कलाम सिर्फ देश के ही राष्ट्रपति नहीं, बल्कि जन-मन के राष्ट्रपति बन गए थे। राष्ट्रपति बनने के बाद भी उनकी कार्य शैली में कोई परिवर्तन नहीं आया था। ज्ञान-विज्ञान, अर्थशास्त्र के अतिरिक्त सभी धर्मों की किताबें पढ़ना उनकी आदत में सम्मिलित थी। मस्जिद, मंदिर और गिरजाघर-सभी धार्मिक स्थानों पर वे श्रद्धा से शीश झुकाते थे। जितना उन्हें कुरान पढ़ना पसंद था, उतना ही श्रीमद्भागवत और बाइबल भी। विज्ञान और अध्यात्म जैसे विपरीत छोरों के बीच संपर्क के सूत्र तलाशने में भी उनकी गहरी रुचि रही थी वे विभिन्न धर्माचार्यों से इस संबंध में मिलते रहते थे। उनकी इसी आस्था के कारण उन्हें 1977 में 'कांची परमाचार्य सम्मान' प्रदान किया गया, जो किसी मुसलमान के लिए उल्लेखनीय उपलब्धि से कम नहीं है।

डॉ. कलाम का मुगल गार्डन से लगाव राष्ट्रपति बनने के पहले से ही था। वर्ष 1999 में जब उन्हें 'भारत रत्न' से सम्मानित किया गया था, तब उन्हें तत्कालीन राष्ट्रपति के. आर. नारायणन की पुत्री चित्रा नारायणन के साथ मुगल गार्डन घूमने का अवसर प्राप्त हुआ था। मुगल गार्डन की दिलकश खूबसूरती को देखकर डॉ. कलाम अभिभूत हो गए थे। उन्होंने उद्यान को चांदनी रात में देखने की इच्छा जाहिर की। डॉ. कलाम की इच्छा जब राष्ट्रपति के.आर.नारायण ान और उनकी पत्नी को ज्ञात हुई तो उसके बाद जब भी डॉ. कलाम विभागीय काम से दिल्ली आते, तो राष्ट्रपति के अनुरोध भरे आग्रह पर राष्ट्रपति भवन में ही ठहरते थे और मुगल गार्डन की अप्रतिम सुन्दरता का आनंद उठाते थे।

उन्हें बच्चों से मिलना बहुत अच्छा लगता था। बच्चों से मिलने के लिए वे उनके विद्यालयों में जाने के अलावा उन्हें राष्ट्रपति भवन में भी बुलवाते थे। उनके कार्यकाल में राष्ट्रपति भवन साधारण लोगों के आगमन और बच्चों की खिलखिलाहट से गूंजता रहता था। डॉ. कलाम के जीने का ढंग बिलकुल मौलिक था।

किसी महापुरुष की समाधि पर जाते समय वे अपने जूते स्वयं ही खोलकर नंगे पैर जाते थे। प्रकृति प्रेमी होने के कारण अपने कार्यकाल के दौरान उन्होंने राष्ट्रपति भवन में स्थित मुगल गार्डन को कई नये आयामों से सुशोभित किया था। यह उनके ही प्रयासों का परिणाम था कि 2004 में राष्ट्रपति भवन में स्पर्शनीय बगीचा लगाया गया। फल, फूल, औषधि तथा मसालों के पौधों के क्यारियों पर सूचना पट्टियों के जरिये संबंधित पौधों के बारे में हिन्दी, अंग्रेजी भाषा और ब्रेल लिपि में लिखा है ताकि दृष्टिहीनों को भी अनुभव प्राप्त हो सके। 2006 में मुगल गार्डन में संगीतमय फव्वारा लगाया गया।

उनके चुनाव के समय यह आशंका व्यक्त की जा रही थी कि उन्हें तो राजनीति की एबीसी तक नहीं आती, वे कैसे सफल हो पाएंगे? गुजरात दंगों के दौरान अपनी गुजरात यात्रा के लिए डॉ. कलाम की छवि पूरे देश में सराही गई। जब उन्होंने दंगा पीड़ितों से बात की, उनकी बात सुनी तो लगा कि राष्ट्रपति एक मित्र, मरहम लगाने वाले और परामर्शदाता हैं। गुजरात यात्रा के दौरान डॉ. कलाम ने न तो सरकारी अधिकारियों से कोई सार्वजनिक पूछताछ की और न ही किसी राजनीतिक दल से सम्पर्क किया। लेकिन जब उन्होंने राज्य सरकार को दंगा पीड़ितों के कष्टों का निवारण करने को कहा तो उनका ढंग राजनीतिज्ञ जैसा था। राष्ट्रपति की इस यात्रा ने प्रत्येक दिल को छू लिया। इसके बाद डॉ. कलाम ने गांधी की धरती की भी यात्रा की, वे पोरबंदर गए। हालांकि राष्ट्रपति की गुजरात यात्रा से राजनीतिक दलों में अनेक दिनों तक बहस चलती रही। किसी ने इस यात्रा को प्रायोजित बताया तो किसी ने इसे अवांछित दखल देने की भी बात कही। पूर्व राष्ट्रपति आर. वेंकटरमन ने इस यात्रा को जनता के हित में बताया। उन्होंने तो यहां तक कहा कि राष्ट्रपति, राष्ट्रपति भवन का कैदी नहीं बन सकता। राष्ट्रीय घटनाओं पर उसे चिंता तो होगी ही।

फिर डॉ. कलाम कोई राजनीतिज्ञ नहीं थे और न ही राजनीति की ओछी हरकतें उन्हें पसन्द थी। वे देश के एक लोकप्रिय वैज्ञानिक थे। देश के प्रति उनकी कर्मशीलता ने दिखा दिया था कि वे पद की परम्पराओं, आडम्बरों और शानो-शौकत से बंधे नहीं थे, बल्कि अपने दायित्व बोध से कुछ तरह बंधे हुए थे कि सत्ता की कोई चकाचौंध उन्हें हिला नहीं सकती।

डॉ. कलाम ने अपने स्वभाव के बारे में कहा था–'मेरा जीवन, जैसा कि मेरा स्वभाव है–उसी के अनुकूल रहा है। उपलब्धि प्राप्त करने के लिए मैंने कभी भी निर्दयी होने का प्रयास नहीं किया। क्रूर अवसरों या कल्पनाओं में उड़ने की कोशिश नहीं की।'

वे घटनाओं को आधुनिक वैज्ञानिक दृष्टि से देखने वाले राष्ट्रपति थे। वैज्ञानिक और शिक्षक के तौर पर उनके विद्यार्थी हमेशा उनके संपर्क में रहते थे। दरअसल डॉ. राजेन्द्र प्रसाद के बाद कलाम दूसरे ऐसे राष्ट्रपति थे, जिनके कार्यकाल में राष्ट्रपति भवन के बड़े-बड़े लोहे के गेट आम जनता और महामहिम के बीच बाधा नहीं बने। राष्ट्रपति भवन बच्चों, युवाओं और वैज्ञानिकों के लिए हमेशा खुला रहता था। अपने कार्यकाल के दौरान कलाम ने राष्ट्रपति भवन को देश के विकास का ब्लू प्रिंट तैयार करने का केन्द्र बना दिया था। एक राष्ट्रपति के रूप में कलाम का उद्‌देश्य जनता के दिमाग को उस स्तर पर ले जाना था ताकि एक महान भारत का निर्माण हो सके। वीडियो कांफ्रेसिंग सुविधाओं के

लिए उन्होंने राष्ट्रपति भवन की रायसीना पहाड़ी पर लगे 56 किलोबाइट प्रति सेकेंड की गति वाले इंटरनेट कनेक्शन को 2 मेगाबाइट प्रति सेकेंड में परिवर्तित करवाया। कहने की आवश्यकता नहीं है कि साइबर की दुनिया विचरण करने वाले राष्ट्रपति को पाकर भारत धन्य हो गया था।

राष्ट्रपति पद पर कार्यरत रहने के दौरान डॉ. ए.पी.जे. अब्दुल कलाम ने भारत के राष्ट्रपति की वेबसाइट दोबारा आरम्भ की थी। इस वेबसाइट में कुछ नए हिस्से भी जोड़े गए थे। इस वेबसाइट में बच्चों के लिए विशेष स्थान तय किया गया था, जिसमें बच्चे ई-मेल की मदद लिए बिना भी राष्ट्रपति से सवाल पूछ सकते थे। साथ ही वेबसाइट के माध्यम से नागरिक भी राष्ट्रपति से सीधे सवाल पूछ सकते थे।

राष्ट्रपति बनने के बाद डॉ. कलाम देशभर का दौरा कर चुके थे, परन्तु सरकारी तामझाम और भारी-भरकम व्यय से उन्हें परहेज़ था। राष्ट्रपति भवन में अपने ऊपर होने वाले व्ययों को भी उन्होंने सीमित कर दिया था।

बतौर राष्ट्रपति डॉ. कलाम को कई बार ऐसे फैसले लेने पड़े, जो उनके दिल को चीर कर रख देते थे, लेकिन ऐसे फैसले उन्हें लेने पड़ते थे। खासकर मृत्युदंड के फैसलों का निर्णय करना उन्हें बहुत व्यथित करता था। वर्ष 2002-2007 के बीच अपने कार्यकाल के दौरान उन्होंने 28 दया याचिकाओं में से 2 पर फैसला लिया था। हालांकि लंबित रखे गए फैसलों के लिए उन्हें कई बार आलोचनाओं का सामना भी करना पड़ा था। इस संबंध में उन्होंने इस बात का जवाब देते हुए एक बार कहा था-'खुदा ने तुम्हें भेजा है, तो खुदा ही तुम्हें ऊपर बुलाएगा। जब उसने ज़िंदगी दी है, तो वही तुम्हारी ज़िंदगी लेने का हकदार भी है।'

एक बार गोरखपुर के संक्षिप्त दौरे के दौरान राष्ट्रपति अपने प्रिय कवि संत कबीर की समाधि पर जाना नहीं भूले। इसके लिए वे मूसलाधार बरसात और गहराते अंधेरे की परवाह किए बिना मगहर पहुंचे। वहां उन्होंने साधु-संतों से कबीर के दोहे भी सुने।

कलाम का यही व्यक्तित्व उन्हें अन्य राष्ट्रपतियों की तुलना में पृथक करता था। वे चाहते थे कि उनके कार्यकाल में भारत की एक ऐसी मुकम्मल तस्वीर बने, जिससे कि हम दुनिया के सामने प्रगति, संस्कार, सौहार्द और एकता की मिसाल पेश कर सकें। कुल मिलाकर यदि यह कहा जाए कि राष्ट्रपति पद की शान-शौकत और आडम्बर से दूर रहकर भी डॉ. कलाम एक ऐसे राष्ट्राध्यक्ष के रूप में उभरे थे, जो परम्पराएं तोड़ने के साथ-साथ निजी व्यक्तित्व की एक छाप भी छोड़ते थे और उसकी गरिमा को सरलता से निभाते भी थे।

कलाम और वाजपेयी में समानताएं

भारत के पूर्व राष्ट्रपति डॉ. अब्दुल कलाम तथा पूर्व प्रधानमंत्री अटल बिहारी वाजपेयी के व्यक्तित्व में अनेक समानताएं देखी जा सकती हैं। जैसे-

- दोनों शिखर पुरुषों ने विवाह नहीं किया। एक बार डॉ. कलाम ने अपने एक मित्र से विनोद करते हुए कहा था कि यदि वे विवाहित होते तो अब तक उनकी जो उपलब्धियां हैं, उनकी आधी भी प्राप्त नहीं कर पाते। उनके बड़े भाई ने एक बार उनके लिए एक रिश्ता तय भी कर दिया था, किन्तु व्यस्तता के कारण डॉ. कलाम निश्चित समय पर नहीं पहुंच सके थे। फिर धीरे-धीरे विवाह की उम्र निकल गई।
- दोनों में से किसी का भी अपना कोई निकटतम परिवार नहीं।
- दोनों व्यक्तियों का स्वभाव और सरलता एक-समान।
- दोनों व्यक्ति ईमानदारी और सहनशीलता के प्रतिमान।
- अटल और कलाम -दोनों का आरंभिक जीवन कहीं-न-कहीं पत्र-पत्रिकाओं से जुड़ा रहा। अंतर केवल इतना है कि अटल लेखन और संपादन से जुड़े थे, तो कलाम रामेश्वरम में अखबार बेचने का कार्य करते थे। दोनों ने ही कविताएं भी लिखीं।
- सबसे प्रमुख बात यह है कि दोनों में से किसी भी व्यक्ति को सिफारिश पसंद नहीं रहा।
- दोनों ही अपने ऊपर होने वाले भारी-भरकम व्ययों से परहेज रखते और इन्हें सीमित करने के लिए कृतसंकल्प थे।
- दोनों को ही पुस्तकें पढ़ने में और हिन्दी भाषा के प्रति अपना लगाव जाहिर करने में खासी दिलचस्पी रही।

भारत की नब्ज पर हाथ

एक परमाणु वैज्ञानिक, जिसे पोखरण परमाणु बम विस्फोट के बाद से देश में 'परमाणु बम का जनक' कहा जाता है। जिसे अपने विविध वैज्ञानिक कार्यों के लिए अनेक पुरस्कार प्राप्त हो चुके हैं। राष्ट्रपति बनने के बाद भारत को शक्तिशाली राष्ट्र बनाने का स्वप्न पालने वाले डॉ. कलाम की मान्यता थी कि सपने ही विचार बनते हैं और विचार ही कर्म-रूप में हमारे समक्ष आते हैं। स्पष्ट है, 'यदि स्वप्न नहीं होंगे तो क्रांतिकारी विचार भी जन्म नहीं लेंगे; और विचारों के गौण रहने से कर्म भी हमारे सामने नहीं आएंगे।'

डॉ. कलाम का सैद्धांतिक रूप से 'शक्ति' को महत्त्व देना एक सशक्त राष्ट्र की नींव रखने के समान है। उनका कहना था कि शक्ति ही शक्ति की प्रतिष्ठा

करती है। राष्ट्रपति बनने के बाद डॉ. कलाम ने सन् 2020 तक भारत को दुनिया के उन्नत देशों के साथ ला खड़ा कर देने का सपना संजो रखा था। उनकी परिकल्पना में भारत के नव-निर्माण का स्पष्ट चित्रण मिलता है। डॉ. कलाम ने अपनी इस परिकल्पना में भारत के नव-निर्माण में उन सभी पहलुओं को छूने का प्रयास किया है, जिससे हम एक सशक्त भारत का निर्माण कर सकते हैं।

खाद्य, खेती, उद्योग, व्यापार, शिक्षा, सुरक्षा, स्वास्थ्य तथा वाणिज्य आदि की परियोजनाएं उनके आगामी कार्यक्रमों की रूपरेखा में सम्मिलित थी। इन परियोजनाओं के क्रियान्वयन हेतु राष्ट्रपति डॉ. कलाम ने देश के समस्त बुद्धिजीवियों, विशेषज्ञों, वैज्ञानिकों, समाजसेवी संस्थाओं एवं प्रशासन और पत्रकारों को एक सूत्र में जोड़ने का आह्वान किया था।

राष्ट्रपति बनने के बाद वे न केवल अधिकारियों, वैज्ञानिकों और इंजीनियरों से घंटों विचार-विमर्श करते थे, बल्कि विद्यालयों और कॉलेजों में भी पहुंचकर बच्चों को नव-निर्माण एवं जागृति की ओर उन्मुख होने का संदेश देते थे। उनकी मान्यता थी कि जिज्ञासु व्यक्ति ही वैज्ञानिक बन सकता है और सबसे अधिक जिज्ञासु मन बच्चों के पास होता है। बच्चे सदैव ही नई चीजों को जानने और समझने की चेष्टा करते रहते हैं। इसलिए दुनिया में यदि किसी पहले वैज्ञानिक की खोज की जाए तो दुनिया में सबसे पहला वैज्ञानिक बच्चा ही रहा होगा।

डॉ. कलाम कहते थे- 'हमें महात्मा गांधी के उन विचारों पर अमल करना चाहिए, जिन्हें उन्होंने जन-जन तक पहुंचाया है, जैसे-'बिना मेहनत के धन नहीं मिल सकता; अंतरात्मा के बिना आनन्द की उत्पत्ति नहीं हो सकती; अच्छे चरित्र के बिना ज्ञान अर्जित नहीं हो सकता- नैतिक मूल्यों के बिना व्यापार सफल नहीं हो सकता, ठीक उसी प्रकार त्याग, धर्म और सिद्धांतों के बिना राजनीति नहीं की जा सकती है।'

डॉ. कलाम सदैव इन सिद्धांतों का पालन करते थे। उनका मानना था कि दूसरे महायुद्ध के बाद यदि जापान मात्र 20 वर्षों में अपने पैरों पर खड़ा हो सकता है और तकनीकी के क्षेत्र में अमेरिका एवं जर्मनी को भी पछाड़ कर आगे पहुंच सकता है, तो फिर भारत ऐसा क्यों नहीं कर सकता? यदि आवश्यकता है, तो केवल अपने लक्ष्य को निर्धारित करने, तत्पश्चात् पूरी लगन और परिश्रम से उसे प्राप्त करने की।

डॉ. कलाम का लक्ष्य था- एक सुंदर एवं सशक्त भारत का निर्माण। डॉ. कलाम ने अपना धन लगाकर 'डेवलप्ड इंडिया फाउन्डेशन' नाम से एक ट्रस्ट की भी स्थापना की थी, जिसकी सहायता से वे स्वतंत्र रूप से इस दिशा में कार्य कर सकते थे।

कहने की आवश्यकता नहीं है कि 11वें राष्ट्रपति के रूप में डॉ. कलाम का व्यक्तित्व उनके संस्कारों का दर्पण रहा है। वे स्वयं को देश में, देश का ही भागीदार समझते थे। उन्हें अपनी जिम्मेदारियों का पूर्ण अहसास था। वे एक ऐसे विजेता थे, जो अपनी कमजोरियों को जानते हुए भी अपना पूरा ध्यान अपनी ताकत पर रखते थे। यही कारण है कि डॉ. कलाम को भारतीयता की प्रतिमूर्ति के रूप में देखा जाता है। भारत में हिन्दू तथा मुस्लिम-दोनों समुदाय इस बात से सहमत रहे हैं कि डॉ. कलाम भारत में हिन्दू-मुस्लिम एकता के मजबूत आधार स्तंभ थे।

डॉ. कलाम उन सभी लोगों के लिए भी एक आदर्श उदाहरण हैं, जिनका मानना है कि विदेशी शिक्षा के बिना ज्ञान अधूरा है। डॉ. कलाम शिक्षा प्राप्त करने के लिए भारत से बाहर नहीं गए। उन्होंने अपनी शिक्षा तमिलनाडु में ही पूरी की। विज्ञान सेवा से जुड़ने के बाद कुछ महीनों के लिए वे 'नासा' (संयुक्त राज्य अमेरिका) अवश्य गए थे।

एक राष्ट्रपति की इससे बड़ी उपलब्धि और क्या हो सकती है कि सरकारी अधिकारियों को वे एक शिक्षक की भांति मानचित्र इत्यादि की सहायता से समझाते थे और उनके साथ घंटों समय व्यतीत करते थे। उन्हें देखने और सुनने के लिए लोगों की भीड़ उमड़ पड़ती थी।

यूं तो डॉ. कलाम राजनीतिक क्षेत्र के व्यक्ति नहीं थे, लेकिन राष्ट्रवादी सोच और राष्ट्रपति बनने के बाद भारत की कल्याण संबंधी नीतियों के कारण उन्हें कुछ हद तक राजनीतिक दृष्टि से सम्पन्न माना जा सकता है। कलाम को चुनौतियों को स्वीकार करना सदैव भाता था। वे अपने व्यक्तिगत जीवन में पूरी तरह से अनुशासन का पालन करने वालों में से थे। वे दूसरों का सम्मान करना जानते थे। उनकी ज़िंदगी निःस्वार्थ थी। उनकी कुछ नया जानने के लिए कभी न खत्म होने वाली खोज उन्हें दूसरों से अलग करती थी। कलाम ने हमेशा अपने प्रत्येक कार्य में प्रगतिशीलता, रचनात्मक और नवाचार का परिचय दिया।

भारत को महाशक्ति बनने की दिशा में कदम बढ़ाते देखना उनकी हार्दिक इच्छा थी। उन्होंने पहले रक्षा वैज्ञानिक के तौर पर मिसाइल मैन के रूप में देश की अमूल्य सेवा की, फिर राष्ट्रपति के रूप में समस्त देश को प्रेरणा प्रदान की। ऐसे महान युगपुरुष को देश का शत्-शत् नमन है, जो जीवन के हर क्षेत्र के लोगों के लिए एक मिसाल बनकर उभरे। उन्होंने राष्ट्रपति के तौर पर राजनीति की दिशा बदलने की हर संभव कोशिश की तो देश को महाशक्ति बनाने का मूलमंत्र भी दिया।

19. धर्म, अध्यात्म और विज्ञान का समन्वय

डॉ. कलाम देश के पहले ऐसे राष्ट्रपति थे, जो जात-पांत से बहुत परे थे। उनके लिए मानवता का धर्म ही सबसे बड़ा था। बचपन में वे हर शाम नमाज पढ़ने मस्जिद में जाया करते, तो वापसी में रामेश्वरम मंदिर में जाकर मत्था टेकना भी नहीं भूलते थे। मंदिर के पुजारी लक्ष्मण शास्त्री उनके अब्बा के अच्छे मित्रों में से एक थे।

कलाम को धर्म और आध्यात्मिक मामलों में भी काफी दिलचस्पी थी। कलाम अकसर कहा करते थे कि- 'सभी धर्म खूबसूरत द्वीप हैं, लेकिन उनके बीच संपर्क नहीं है।' कलाम मानते थे कि विज्ञान और धर्म के मिलकर काम करने पर बहुत कुछ हासिल किया जा सकता है।

कलाम कर्नाटक भक्ति संगीत हर दिन सुनते थे और हिंदू संस्कृति में विश्वास रखते थे। वे कुरान और भगवद्गीता दोनों का अध्ययन करते थे। उन्होंने कई बार कहा था कि वे तिरुक्कुरल का भी अनुसरण करते हैं, उनके भाषणों में कम-से-कम एक कुरल का उल्लेख अवश्य रहता था। विज्ञान और अध्यात्म जैसे विपरीत छोरों के बीच सम्पर्क के सूत्र तलाशने में उनकी गहरी रुचि रहती थी। वे विभिन्न धर्माचार्यों से इस संबंध में मिलते रहते थे। वे जैनाचार्य महाप्रज्ञाजी से खासे प्रभावित रहे।

डॉ. अब्दुल कलाम की अवधारणा थी कि जो आग्नेयास्त्र आज के समय की सबसे बड़ी उपलब्धि हैं, वे प्राचीन वैदिक युग के मंत्र आदि के ही विकसित रूप हैं। आधुनिक मिसाइलों के बारे में उनका मानना था कि इनका आविष्कार पश्चिमी देशों में न होकर प्राचीन काल में भारत में ही हुआ था। आज भी हमें रामायण, महाभारत आदि धर्मग्रंथों में जिन अस्त्रों का विवरण मिलता है, जैसे -ब्रह्मास्त्र, आग्नेयास्त्र, वरुणास्त्र-ये सभी प्राचीन काल की मिसाइलें ही हैं। अंतर केवल इतना है कि उस समय इन अस्त्रों का संचालन मंत्रों द्वारा होता था और आज विकसित रूप-मशीनों द्वारा होता है।

ब्रह्माण्ड विज्ञान के बारे में डॉ. कलाम का मानना था कि सौर परिवार के ग्रहों का मनुष्य के जीवन पर गहरा प्रभाव पड़ता है। किन्तु लोग ज्योतिष आदि की आड़ में अनुचित तरीकों से लोगों को भ्रमित करते हैं। इस बारे में उनका कहना था-'एक कला के रूप में मैं ज्योतिष के विरुद्ध नहीं हूं, किन्तु यदि विज्ञान की आड़ में इसे अनुचित तरीके से स्वीकार किया जाता है, तो मैं कदापि इसका समर्थन नहीं करूंगा। मुझे पता नहीं कि ग्रहों, नक्षत्रों, तारामंडलों और यहां तक कि उपग्रहों के बारे में इन मिथकों ने कैसे जन्म ले लिया।'

डॉ. कलाम कहते थे कि एकमात्र पृथ्वी ही सबसे शक्तिशाली और ऊर्जावान ग्रह है। स्पंदन उत्पन्न करने के लिए प्रत्येक व्यक्ति में एक अद्वितीय प्राकृतिक आवृत्ति होती है। यह सामान्य रूप से आपके अंदर होती है। आवश्यकता है तो इसे पहचानने की। इसमें संदेह नहीं कि धर्म यदि आस्था एवं अध्यात्म पर टिका है, तो विज्ञान भौतिकवाद पर। एक अदृश्य को समझता है तो दूसरा दृश्य को। अध्यात्म वह विज्ञान है, जो अदृश्य को समझता है। फिर भी धर्म और विज्ञान पृथक-पृथक हैं, इसे हम एक-दूसरे की सहायता से भली प्रकार समझ सकते हैं।

डॉ. कलाम कहते थे- 'मैं हमेशा ही एक धार्मिक व्यक्ति रहा हूं तथा मेरा मानना है कि ईश्वर के साथ हर काम में मेरी सहभागिता है। इस भागीदारी से मुझे वह शक्ति मिली है, जिसकी मुझे जरूरत थी और वास्तव में मैं आज महसूस करता हूं कि वह शक्ति मुझमें बह रही है। मैं यह पक्के तौर पर कह सकता हूं कि इसी शक्ति के रूप में ईश्वर आपके भीतर हैं। इसी शक्ति से आप अपने उद्‌देश्यों को हासिल कर अपने सपनों को साकार कर सकते हैं।

एक बार डॉ. कलाम से किसी ने पूछा कि वे पौराणिक पात्रों में किससे सबसे ज्यादा प्रभावित हुए हैं। कलाम ने निःसंकोच कहा कि उन्हें महाभारत के पात्रों में सबसे अधिक प्रभावित करनेवाला चरित्र महात्मा विदुर का लगा। वे उससे प्रभावित हुए। क्योंकि उन्होंने सत्ता की गलत हरकतों के खिलाफ आवाज उठाई। उनमें अधर्म की ज्यादातियों के विरुद्ध उस स्थिति में मोर्चा खोलने का साहस था, जब बाकी सभी ने हथियार डाल दिए थे।

डॉ. कलाम बताते थे कि- 'बचपन में, मेरे पिता मुझे अपने साथ शाम की नमाज के लिए मस्जिद ले जाते थे। जरा भी भाव और अर्थ जाने बगैर मैं अरबी में अदा की जाने वाली नमाज सुनता रहता था। लेकिन मैं इतना समझता था कि ये नमाजें ईश्वर तक पहुंचती हैं। नमाज के जरिए हम, शरीर और उसके सांसारिक जुड़ाव से परे पहुंच जाते हैं। प्रार्थना का एक जो मुख्य काम है, जैसा कि मैं मानता हूं, वह है मनुष्य के भीतर नए-नए विचार उत्पन्न करना। विचार सचेतावस्था में मौजूद रहते हैं और जब ये विचार उत्सर्जित होते हैं, निकलते हैं,

तो वास्तविकता जन्म लेती है तथा निष्कर्ष सफल घटनाओं के रूप में सामने आते हैं। ईश्वर, हमारे रचियता ने हमारे मस्तिष्क के भीतर अपार ऊर्जा एवं योग्यता दी है। प्रार्थना हमें इन शक्तियों को प्रयोग में लाने में मदद करती है।'

डॉ. कलाम की महानता और जिज्ञासु व्यक्तित्व को दर्शाता है उनकी प्रत्येक धर्मों के प्रति आस्था और वेदों का ज्ञान। उन्होंने महान मनीषी भास्कराचार्य का सुप्रसिद्ध ग्रंथ 'सिद्धान्त शिरोमणि' भी पढ़ा था। वे कहते थे-'मैं हमेशा से ही विज्ञान में विश्वास करने वाला था, लेकिन इसके साथ ही मेरा आध्यात्मिक विश्वास भी था, जो कि बचपन में ही स्थापित हो चुका था और मेरे साथ ही चल रहा था। मेरे मन में ईश्वर के बारे में विभिन्न मत थे। मैंने विभिन्न ध र्मों की धार्मिक पुस्तकों का अध्ययन किया है। मुझे ज्ञान की प्राप्ति 'कुरान', 'गीता' तथा 'बाइबिल' द्वारा ही मिली थी। इनके मिलाप से ही मेरे जीवन व संस्कारों का मिलाप मुझे अपनी जन्मभूमि से मिला था और इस शहर के अनूठे संस्कारों ने मेरा पूर्ण विकास किया।'

डॉ. कलाम जिस तरह वेदों के श्लोक कहते थे- 'आनो भद्रा कृत्वा येन्तु विश्वात्मा' अर्थात्- 'श्रेष्ठ विचार हर दिशा से अपने भीतर आने दो।' उसी तरह पवित्र कुरान के ये महत्त्वपूर्ण अंश भी दोहराते थे- 'तुम्हारे कर्मों का फल तुम्हारे साथ है, मेरे कर्मों के नतीजे मेरे हैं।'

डॉ. कलाम को विश्वास था कि परमाणु अस्थिर होते हैं तथा एक निश्चित समय के बाद वे दूसरे परमाणु में परिवर्तित हो जाते हैं। विज्ञान व्यक्ति को ईश्वर से दूर नहीं ले जाता, बल्कि विज्ञान हृदय से निकली एक जिज्ञासा है जो हमें परमात्मा से जोड़ती है। सम्भवतः इसलिए कलाम ने अपने जीवन में विज्ञान को आध्यात्मिक रूप में देखने का प्रयास किया।

अध्यात्म का अर्थ है अपना अथवा स्वयं का अध्ययन। इसे हम आत्मा का अध्ययन भी मान सकते हैं, आत्मा न तो मरती है और न ही मारी जा सकती है। यह न तो किसी भी काल में जन्मती है और न नष्ट होती है, क्योंकि वह नित्य, अजन्मा, शाश्वत और पुरातन है। शरीर के नाश होने पर भी इसका नाश नहीं होता। जीवात्मा पुराने शरीर को त्यागकर दूसरे नए शरीर को प्राप्त होती है। इसे शास्त्रादि नहीं काट सकते, आग नहीं जला सकती, जल नहीं डुबो सकता और वायु नहीं सुखा सकती।

विज्ञान के दृष्टिकोण से देखें तो ऊर्जा को न तो बनाया जा सकता है और न ही नष्ट किया जा सकता है। इसके केवल रूप बदले जा सकते हैं। इसे हम प्रकाश, ऊष्मा, ध्वनि, विद्युत, यांत्रिक आदि के रूप में देखते हैं। ऊर्जा के ये सभी रूप परस्पर परिवर्तनशील हैं।

सूर्य ऊर्जा का एकमात्र प्राकृतिक स्रोत है, जो हमें प्रकाश और ऊष्मा इन दो रूपों में ऊर्जा प्रदान करता है। सूर्य जहां विज्ञान के लिए आराध्य है, वहीं धर्म के लिए भी आराध्य है। सूर्याराधना के लिए सूर्याष्टक एवं आदित्य हृदय स्तोत्र की रचना की गई है, जिनमें सूर्यदेव की महिमा का वर्णन है।

खगोलशास्त्र एवं ज्योतिष विज्ञान भी सूर्य पर केन्द्रित हैं। दिन और रात सूर्य पर ही आधारित हैं। प्रकाश संश्लेषण की क्रिया से पौधे ऊर्जा प्राप्त करके फूल, फल, सब्जियां तथा अन्न देते हैं। अतः विज्ञान एवं धर्म दोनों के अनुसार सूर्य से ही सृष्टि है। इस प्रकार ऊर्जा एवं आत्मा में यह समानता उभरकर आती है कि दोनों को ही न तो पैदा किया जा सकता है और न ही नष्ट।

डॉ. कलाम की अवधारणा के अनुसार, आत्मा भी ऊर्जा का ही रूप है। आत्मा निकलने के बाद शरीर निष्प्राण, निशक्त, निस्तेज और ऊर्जाहीन हो जाता है। इसलिए वे आत्मा को भी ऊर्जा ही मानते हैं। आत्मा तथा ऊर्जा की नित्यता, शाश्वत रूप और परिवर्तनशीलता को धर्म और विज्ञान की अनूठी समानता कहा जा सकता है।

आज सौर ऊर्जा को विभिन्न उपयोगों में लिया जा रहा है। ब्रह्माण्ड विज्ञान के प्रति डॉ. कलाम का मानना था कि ग्रहों पर भी गति और जीवन है। भौतिक शास्त्रियों ने निर्जीव वस्तुओं जैसे चट्टानों, धातुओं, लकड़ी और चिकनी मिट्टी में भी आंतरिक गतिशीलता की बात कही है। विज्ञान कहता है कि प्रत्येक नाभिक के चारों ओर इलेक्ट्रॉन चक्कर काट रहे हैं। इन इलेक्ट्रॉनों को बांधे रखने वाला विद्युत बल (ऊर्जा) उन्हें अधिक-से-अधिक निकट लाता है। इलेक्ट्रॉन एक निश्चित ऊर्जा वाले पृथक कण के रूप में नाभिक में बंधा होता है। नाभिक की पकड़ इलेक्ट्रॉन पर जितनी मजबूत होगी, कक्षा में इलेक्ट्रॉनों की गति भी उतनी ही तेज होगी। वास्तव में यह गति 1,000 किलोमीटर प्रति सेकेंड तक हो सकती है। उसी तीव्र वेग के कारण परमाणु एक ठोस गोले की भांति नजर आता है। ठीक उसी प्रकार जैसे एक तेज घूमता हुआ पंखा एक थाली की भांति दिखता है।

प्रत्येक ठोस वस्तु के अंदर काफी रिक्त स्थान होता है और प्रत्येक स्थिर वस्तु के अंदर हमेशा हलचल होती रहती है। ठीक उसी प्रकार जैसे हमारे जीवन के प्रत्येक क्षण में श्वासों का निरंतर स्पंदन होता रहता है।

अध्यात्म और विज्ञान का इतना सुंदर व सूक्ष्म समन्वय तथा परिणामात्मक विश्लेषण संसार में डॉ. कलाम के अतिरिक्त और किसी ने किया हो, इसकी संभावना कम ही है। अभी तक वैज्ञानिकों ने अध्यात्म और विज्ञान को दो पृथक विषयों के रूप में ही देखा है, इन्हें मिलाकर देखने का प्रयास डॉ. कलाम से पहले किसी ने नहीं किया।

20. भविष्य का भारत

डॉ. कलाम के अनुसार, विभिन्न समस्याओं और उनके समाधानों के विश्लेषण पर आधारित देश के दीर्घकालीन आर्थिक एवं सुरक्षा संबंधी लक्ष्य इस ढांचे के लिए एक आधार उपलब्ध करवाते हैं। इनसे ज्ञान के सृजन एवं उपयोग के लिए विभिन्न क्षेत्रों तथा प्राथमिकताओं की पहचान करने में सहायता मिलती है।

डॉ. कलाम देश के प्रौद्योगिक विकास के बारे में निरंतर चिंतनशील रहते थे। ज्ञान, विज्ञान और अन्य पहलुओं पर सोची गई बातों को युवा पीढ़ी के समक्ष कुछ इस तरह उकेरते थे कि देशवासियों के समक्ष उनकी ज्ञानोक्ति एक प्रेरणा स्रोत बन जाती थी। छवि के नाम पर वे संघर्ष का राग नहीं अलापते, बल्कि संघर्ष से छवि उभारने की प्रेरणा देते थे।

अपनी पुस्तक 'इंडिया-2020' में भविष्य के भारत के प्रति अपने दृष्टिकोण की चर्चा करते हुए उन्होंने लिखा था-'इसमें स्वतंत्रता, विकासशीलता और संसार के सामने सुदृढ़ता से खड़ा होने जैसे तत्व शामिल हैं। लेकिन यह सब तभी हो सकता है जब हम मूल्यों से भरे हों। घर-परिवार और स्कूल-कॉलेजों में मूल्यों से भरी शिक्षा हो; मूल्यों से भरे कर्त्तव्य हों, मूल्यों से भरी राजनीति हो और मूल्यों से भरी ही हमारी सोच व जीवन हो। हर व्यक्ति यह महसूस करे कि किसी भी लक्ष्य को पाने के लिए मेहनत और समर्पण जरूरी है। कोई हमारी मदद नहीं कर सकता। केवल हम स्वयं ही अपनी मदद कर सकते हैं, लेकिन इसके लिए हमें करोड़ों लोगों के राष्ट्र की तरह काम करना चाहिए न कि अलग-अलग करोड़ों लोगों की तरह।'

अपने विजन 2020 में उन्होंने भारत को सर्वशक्तिमान बनाने का भाव रखा था, जिसकी तैयारी उन्होंने बहुत पहले शुरू कर दी थी। कलाम मानते थे कि भारत जिन 5 क्षेत्रों में सामर्थ्य रखता है, उन क्षेत्रों में बदलाव करना जरूरी है और यह क्षेत्र हैं- कृषि एवं खाद्य-प्रसंस्करण, शिक्षा व सेहत, सूचना एवं संचार प्रोद्यौगिकी, ढांचागत विकास और अहम प्रोद्यौगिकियों में आत्मनिर्भरता।

इंडिया विजन 2020 दस्तावेज पी.वी. नरसिंह राव के शासनकाल में तैयार हुई। इसके बाद तत्कालीन प्रधानमंत्री अटल बिहारी वाजपेयी जी को दिया गया, जिन्होंने संसद में इसको रखा और स्वतंत्रता दिवस के अपने एक भाषण में इसका जिक्र भी किया कि साल 2020 से पहले भारत आर्थिक तौर पर विकसित राष्ट्र बन जाएगा।

डॉ. कलाम मानते थे कि यह हमारी राजनैतिक व्यवस्था ही है, जो किसानों, वैज्ञानिकों, इंजीनियरों, डॉक्टरों, शिक्षकों, वकीलों और अन्य पेशेवर लोगों को हरित क्रांति, श्वेत क्रांति, स्पेस मिशन, साइंस एंड तकनीक मिशन और इन्फ्रास्ट्रक्चर डेवलपमेन्ट मिशन में देश को कामयाबी दिलाने के लिए जरूरी मदद मुहैया करती है। वे कहते थे– 'आज हम जो कुछ हैं, अपनी इस राजनैतिक व्यवस्था की वजह से हैं। इसलिए नौजवानों को राजनीति से दूर नहीं रहना चाहिए, बल्कि देश को सभी क्षेत्रों में महान बनाने के लिए इसका नेतृत्व, मार्गदर्शन व प्रेरणा की खातिर उन्हें आगे आना चाहिए। युवाओं में यह जज्बा होता है कि 'मैं यह कर सकता हूं' और उन्हें यकीन है कि 'भारत एक विकसित राष्ट्र बनेगा।' अगर आप यह महसूस करते हैं कि आप यह कर सकते हैं, तो निश्चित रूप से भारत पंचायत से लेकर संसद तक रचनात्मक नेतृत्व को पा जाएगा।'

डॉ. कलाम का व्यक्तित्व प्रेरणादायी था। वह ऐसे राष्ट्रीय नायक थे, जिन्होंने दिखाया कि देशभक्ति का जज्बा साधारण लोगों के दिलों में भी जबरदस्त तरीके से राज करता है।

ज्ञानवान समाज में सभी को स्वयं में समेटने की क्षमता होनी चाहिए और इस क्षमता को साकार करने के लिए सबको निर्णय प्रक्रिया में भागीदारी का अवसर मिलना चाहिए। सूचना और संचार के बुनियादी ढांचे से विशेष साधन प्राप्त होते हैं, क्योंकि ये विभिन्न स्रोतों से एक साथ बहुसंख्यक लोगों तक सूचनाएं प्रेषित करने में सहायता करते हैं। ज्ञान को सर्वसुलभ बनाने के सिद्धांत को इस प्रकार से लागू करने की आवश्यकता है, जिससे कि ज्ञानवान समाज और अर्थव्यवस्था के निर्माण की दिशा में प्रगति हो। पहुंच की अवधारणा का विस्तार करने की आवश्यकता है, जिससे परस्पर आदान-प्रदान और सर्व सहभागिता को भी इसमें समाहित किया जा सके।

डॉ. कलाम चाहते थे कि क्रमबद्ध रूप में एक निश्चित समय सीमा के अंदर भारत एक महाशक्ति बन कर उभरे। इसके लिए नीचे बताए गए तरीकों से लक्ष्य प्राप्ति की दिशा में आगे बढ़ना होगा:

- भारत के ज्ञानवान समाज के रूप में उभरकर सामने आना, संबंधित

मुद्दों को परिभाषित करना, उनका स्वरूप निर्धारण और सार्वजनिक नीति का सम्प्रेषण करना।

- सार्वजनिक जागरूकता कार्यक्रमों का विकास करना।
- भारत को ज्ञानवान समाज बनाने की दिशा में उठाए जा रहे कदमों की वार्षिक प्रगति रिपोर्ट तैयार करना।
- भारत के ज्ञान संपन्न समाज के बारे में वेबसाइट का विकास करना।
- ज्ञानवान समाज में भागीदारी से वंचित वर्गों के प्रयासों में शामिल होना।
- ज्ञानवान समाज के बारे में सार्वजनिक बहस के लिए राष्ट्रीय मंच बनाना।
- ज्ञानवान समाज से संबंधित अनुसंधान के मुद्दे ढूंढना और उनका निराकरण करना।
- भारतीय संस्कृति को सूचना और संचार के ढांचे के माध्यम से अभिव्यक्त करने के प्रयासों में लगे कर्मियों द्वारा ज्ञान के प्रबंधन की दिशा में किए जा रहे प्रयासों में भागीदारी निभाना।
- समान रुचियों वाले अन्य समूहों के साथ सम्पर्क एवं इस सम्पर्कों को बढ़ावा देना।
- इन लक्ष्यों को प्राप्त करने की दिशा में सहायक समस्त गतिविधियों को बढ़ावा देना।

जैसा कि हम जानते हैं, ज्ञान के डेटा बेस के बारे में भारत विकासशील देशों में अग्रणी है। यही कारण है कि आज अमेरिका जैसे विकसित देश भी अपनी सॉफ्टवेयर संबंधी आवश्यकताओं को पूरा करने के लिए भारत की ओर देख रहे हैं। इस प्रकार हमारे पास भारत को ज्ञान के क्षेत्र में महाशक्ति बनाने के लिए सभी संसाधन उपलब्ध हैं। प्राचीन काल में भी भारत ज्ञान का भंडार था।

डॉ. अब्दुल कलाम ने 2020 के भारत के बारे में अपनी परिकल्पना इस प्रकार व्यक्त की थी–'2020 में अथवा उससे पहले ही भारत को विकसित राष्ट्र बनाना कोई स्वप्न नहीं है। यह भारत के कुछ लोगों के मन की परिकल्पना मात्र भी नहीं है। बल्कि यह एक ऐसा मिशन है, जो करोड़ों हिन्दुस्तानियों से जुड़ा है और हमें इसे प्राप्त करना है।'

कलाम का पैगाम : बनाएं विकसित हिन्दुस्तान

डॉ. कलाम भारत को सजाने–संवारने और एक विकसित राष्ट्र बनाने के लिए कृतसंकल्प थे। वे कहते थे– 'आज जिस भारत का विजन हमारे सामने है, वह इकोनॉमी, ट्रेड, टेक्नोलॉजी और विकास का सुपर पावर होगा, क्योंकि

आधुनिक विश्व में इन्हीं ताकतों का राज चलता है।' अगर उनकी तरह राजनीतिक दल उस आधी से ज्यादा आबादी की अपेक्षाओं को समझ सकें, जो 25 साल से कम उम्र की है, तो यह भारत के नवजागरण की शुरुआत होगी। जैसा कि कलाम कहते थे- 'यह युवा आबादी एक विकसित देश में जीना चाहती है और भ्रष्टाचार मुक्त भारत का सपना देखती है, इसलिए सभी राजनीतिक दलों को अपने सोच के केन्द्र में इन बातों को रखना होगा और उसी हिसाब से विकास का एजेंडा प्रस्तुत करना होगा।' जाहिर है, राजनीतिक चिंतन में बदलाव जरूरी है, जिसके बिना भारत का उद्धार मुमकिन नहीं है। इसके लिए वोटरों को अपनी ताकत पहचानने और डॉ. कलाम की बात पर अमल करते हुए ऐसे प्रतिनिधि चुनना होगा, जो राष्ट्रीय विकास की अभिलाषा रखते हों। आधुनिक, विकसित और प्रतिभा संपन्न भारत की आवश्यकताओं-अपेक्षाओं की ऐसी ही पहचान से वह नया आईना हम बना सकेंगे, जिसमें दुनिया हमें देखेगी और सराहेगी। भारत, जो अपनी बुद्धि में बेमिसाल है, जो पीछे देखना नहीं चाहता, जो शांति और विकास का मंत्र जपता है, जिसकी ताकत का स्रोत उसके एक अरब ऊर्जावान नागरिक हैं और जो दुनिया की आर्थिक प्रगति का इंजन बनने जा रहा है।

अपने उद्‌बोधन में डॉ. कलाम प्रायः कहते थे- 'युवाओं में विकसित और भ्रष्टाचार मुक्त भारत में रहने की अभिलाषा है। मैं इसे उनकी आंखों में चमकते हुए देख सकता हूं। अपने देश में हम अनगिनत कानून बना सकते हैं, पर कोई भी कानून भ्रष्टाचार को पूरी तरह समाप्त नहीं कर सकता। समाज के केवल तीन सदस्य हैं, जो भ्रष्टाचार खत्म कर सकते हैं और वे हैं माता, पिता और प्राइमरी स्कूल के शिक्षक।' उन्होंने भ्रष्टाचार उन्मूलन की इस योजना को 'त्रिआयामी कार्य योजना' नाम दिया।

डॉ. कलाम का मानना था कि राष्ट्र विकास के अभियान और उपमहाद्वीप की आर्थिक उन्नति के लिए शांति सबसे बड़ी आवश्यकता है। इसे उन्होंने अपनी एक कविता द्वारा भी स्पष्ट किया था-

'जब बंदूकें हो जातीं मौन, पुष्प खिलते धरती पर, होती सुरभित पवित्र आत्माएं, जिन्होंने रचा यह सुंदर मौन।'

भारत की तेजी से विकसित होती अर्थव्यवस्था का उल्लेख करते हुए डॉ. कलाम कहते थे कि अब ग्रामीण क्षेत्रों में भी विकास के आर्थिक लाभ पहुंचने चाहिए। छोटे एवं मंझोले उद्योगों और कृषि एवं खाद्य प्रसंस्करण उद्योगों के विकास के अनुकूल बैंकों की ब्याज दरें निर्धारित होनी चाहिए। वे वर्ष 2020 तक एक लाख मेगावाट के मौजूदा बिजली उत्पादन को तिगुना करने के साथ

ही गैरपारंपरिक स्रोतों से भी बिजली उत्पादन करने की आवश्यकता पर जोर देते थे। दूसरी हरित क्रांति की आवश्यकता बताते हुए डॉ. कलाम कहते थे कि कृषि प्रौद्योगिकी को किसानों के अनुरूप बनाकर तथा खाद्य प्रसंस्करण और विपणन में उन्हें भागीदार बनाकर ऐसा हो सकता है। इलेक्ट्रॉनिक ज्ञान और दूरस्थ शिक्षा जैसी आधुनिक तकनीकों से बच्चों को अच्छी शिक्षा देने, श्रेष्ठ अध्यापकों को नियुक्त करने तथा स्कूलों में बुनियादी सुविधाएं उपलब्ध कराने के लिए वे तत्काल कार्यवाही की आवश्यकता बताते थे। 2007 में पहली बार उद्योग जगत व विवि काउंसिल का सेमिनार विज्ञान भवन में हुआ, तब कलाम राष्ट्रपति थे और उन्होंने देश में उद्योग जगत, अकादमिक जगत के बीच संबंधों को बनाने तथा उसे विकसित करने में काफी दिलचस्पी दिखाई थी।

मिलकर बनाएं राष्ट्र

- जो विश्व के प्रतिभावान विद्यार्थियों और वैज्ञानिकों के लिए शिक्षा का सर्वोत्तम केन्द्र बने।
- जो पृथ्वी पर रहने के लिए सबसे सुंदर स्थान हो और जहां के एक अरब लोगों के चेहरों पर मुस्कान हो।
- जहां कृषि, उद्योग और सेवा क्षेत्र मिल-जुलकर ऐसी टेक्नोलॉजी का उपयोग करें, जिससे अधिक-से-अधिक धन की प्राप्ति हो और रोजगार के अवसर बढ़ें।
- जो समृद्ध, स्वस्थ, सुरक्षित, शांतिमय और खुशहाल हो।
- जहां सभी को बिजली और पानी समान रूप से मिल सकें।
- जहां सभी को अच्छी और तत्काल स्वास्थ्य सुविधाएं मिल सकें और एड्स, क्षय रोग, कैंसर, हृदय रोग और पानी से होने वाली बीमारियां जड़ से खत्म हो जाएं।
- जहां गांव और शहर का अंतर धीरे-धीरे कम हो जाएं।
- जहां गरीबी और अशिक्षा न हो और न ही महिलाओं पर अत्याचार हो तथा समाज में सभी मिल-जुलकर रहें।
- जहां मेधावी छात्रों को शिक्षा प्राप्त करने में सामाजिक और आर्थिक भेदभाव का सामना न करना पड़े।
- जहां सरकार सर्वोत्तम प्रौद्योगिकी का प्रयोग करें और जो पूर्ण पारदर्शी, सुगम्य और भ्रष्टाचार मुक्त हो।

नौजवानों को शपथ

- मैं धर्म, जति और भाषा के आधार पर किसी भी भेदभाव का समर्थन नहीं करूंगा।
- मैं कम-से-कम 10 पेड़ लगाऊंगा और उनकी अच्छी एवं नियमित देखभाल करूंगा।
- मैं मंदबुद्धि एवं शारीरिक रूप से अक्षम लोगों के साथ सदा मित्रवत व्यवहार करूंगा और उन्हें सामान्य जीवन बिताने में सहयोग दूंगा।
- मैं अपनी पढ़ाई और कार्य पूर्ण निष्ठा से करूंगा और श्रेष्ठ बनूंगा।
- अपने मुसीबत में पड़े साथियों के दु:ख को दूर करने की हर संभव कोशिश करूंगा।
- मैं कम-से-कम 10 निरक्षर लोगों को पढ़ना और लिखना सिखाऊंगा।
- मैं अपने देशवासियों और अपने देश की सफलता पर गौरवान्वित होऊंगा।
- मैं एक प्रबुद्ध नागरिक बनने के लिए कार्य करूंगा और अपने परिवार को आदर्श बनाऊंगा।
- मैं शहरों और गांवों में जाकर 5 लोगों को नशे और जुए की आदत से छुटकारा दिलाऊंगा।
- मैं ईमानदार बनूंगा और भ्रष्टाचार मुक्त समाज बनाने का प्रयास करूंगा।

21. एक प्रेरक व्याख्यान

भारत के 'प्रक्षेपास्त्र मानव' डॉ. ए.पी.जे. अब्दुल कलाम जब तब व्याख्यानों और वक्तव्यों में अपने सपनों के भारत के बारे में वर्णन करते रहते थे। उन्होंने बचपन में जो सपने देखे, उन्हें साकार होते हुए भी देखा। 2020 तक वे भारत को विश्व का एक अग्रणी विकसित देश होते हुए देखना चाहते थे। उनके पदचिन्हों का अनुसरण कर भारत अवश्य उनके सपनों को साकार कर सकता है। उनके व्याख्यान में उनके सपनों के भारत की तस्वीर देखने को मिलती है। हैदराबाद में दिया गया उनका एक भाषण प्रत्येक भारतीय को अवश्य पढ़ना चाहिए। यथा :

'हमारे 3000 वर्षों के इतिहास में, संसार के विभिन्न लोगों ने हमारे देश पर हमला किया। हमारी भूमि पर अधिकार किया, हमारे मनो-मस्तिष्क पर राज्य किया। सिकंदर से लेकर ग्रीक, तुर्क, मुगल, पुर्तगाली, ब्रिटिश, फ्रांसीसी और डच लोग यहां आए। यहां लूटपाट की और बलपूर्वक अधिकार जमाया। लेकिन हमने किसी भी देश के साथ ऐसा नहीं किया। हमने किसी पर भी अपना अधिकार जमाने की चेष्टा नहीं की। हमने उनकी भूमि, इतिहास, सभ्यता और संस्कृति पर डाका डालने अथवा उनकी जीवनचर्या को प्रभावित करने का प्रयास कभी नहीं किया।

क्यों? क्योंकि हम दूसरों की स्वतंत्रता का आदर करना जानते हैं। यही कारण है कि भारत के लिए मेरा पहला दर्शन है-स्वतंत्रता। मैं समझता हूं कि भारत को इसका पहला दर्शन 1857 में मिला था, जब हमने स्वतंत्रता के लिए युद्ध आरम्भ किया था। यह वह स्वतंत्रता है, जिसे हमें पोषित करना है, रक्षित करना है और बनाए रखना है। यदि हम स्वतंत्र नहीं होंगे तो कोई भी हमारा सम्मान नहीं करेगा।

भारत के लिए मेरा दूसरा दर्शन है- विकास।

50 वर्षों में हम एक विकासशील देश बने हैं। अब वह समय आ गया है, जब हम विकसित देशों की श्रेणी में शामिल हों।

- सकल घरेलू उत्पादन (जी.डी.पी.) के दृष्टिकोण से हम संसार के 5 शीर्ष देशों में शामिल हैं।
- अधिकांश क्षेत्रों में हमारी विकास दर 10 प्रतिशत है।
- हमारी गरीबी का स्तर लगातार गिर रहा है।
- हमारी उपलब्धियों को संसार भर में सराहा जा रहा है।

फिर भी हम में आत्मविश्वास का अभाव है- स्वयं को एक विकसित राष्ट्र, आत्मविश्वासी एवं आत्मनिर्भर देखने के लिए क्या यह काफी नहीं है?

मेरा तीसरा दर्शन है–भारत को संसार के सामने सशक्त रूप में खड़ा करने का।

क्योंकि मैं समझता हूं कि जब तक भारत संसार के सामने मजबूती से खड़ा नहीं होगा, कोई भी हमारा सम्मान नहीं करेगा। केवल ताकत ही ताकत का आदर करती है। हमें भी मजबूत होना होगा, न केवल सैन्य शक्ति के रूप में बल्कि आर्थिक शक्ति के रूप में भी। दोनों को साथ–साथ चलना होगा।

मेरा सौभाग्य था कि मुझे तीन महान लोगों के साथ कार्य करने का अवसर मिला। अंतरिक्ष विभाग में डॉ. विक्रम साराभाई, इसरो के प्रमुख प्रो. सतीश ध वन और नाभिकीय सामग्री के जनक डॉ. ब्रह्मप्रकाश। सौभाग्य से मुझे इन तीनों के साथ निकटता से कार्य करने और अपने जीवन को संवारने का महान अवसर मिला।

मैं अपने जीवन में चार मील के पत्थर देखता हूं।

एक: मैंने 20 वर्ष 'इसरो' में बिताए। मुझे भारत के पहले सैटेलाइट लांच व्हिकल, एस.एल.वी.–III का परियोजना निदेशक बनने का अवसर मिला। इस दौरान रोहिणी उपग्रह को पृथ्वी की कक्षा में स्थापित किया गया। मेरे वैज्ञानिक जीवन में इन वर्षों की बहुत अहम भूमिका रही। यह मेरा पहला आशीर्वाद था।

दो : इसरो (भारतीय अंतरिक्ष अनुसंधान संगठन) के बाद मैं डी.आर.डी.ओ. से जुड़ा, जहां मुझे भारत के मिसाइल कार्यक्रम में शामिल होने का अवसर मिला। 1994 में अग्नि अभियान मेरा दूसरा आशीर्वाद था।

तीन : 11 मई और 13 मई, 1998 को हुए नाभिकीय परीक्षणों में अपनी टीम के साथ शामिल रहने का आनन्द और संसार को यह दिखाना कि भारत इसे बना सकता है, अब वह एक विकासशील देश नहीं वरन् उन्हीं में से एक है। एक भारतीय के रूप में इस घटना ने मुझे गर्व से भर दिया। वास्तव में 'अग्नि' में उपयोग के लिए हमने एक बहुत हल्की 'कार्बन–कार्बन' नामक एक नई सामग्री विकसित की है।

चार : एक दिन निज़ाम इंस्टीट्यूट ऑफ मेडिकल साइंस के विकलांग

चिकित्सा से जुड़े एक शल्य चिकित्सक मेरी प्रयोगशाला में आए। उन्होंने उस सामग्री को उठाया तो देखा कि वह बहुत हल्की है। वे मुझे अपने अस्पताल में ले गए और अपने मरीजों से मिलवाया। वहां तीन छोटे बच्चे 3-3 कि.ग्रा. के भारी धातुई कैलिपर्स पांवों से बांधे घिसट रहे थे। उन्होंने मुझसे कहा-'कृपया मेरे मरीजों का दर्द दूर करें।'

तीन हफ्तों में हमने 300 ग्राम वजन के फ्लोर रिएक्शन ऑर्थोसिस कैलिपर्स बनाए और उन्हें लेकर ऑर्थोपेडिक सेंटर पहुंचे। बच्चों को अपनी आंखों पर भरोसा नहीं हुआ। (क्योंकि कैलिपर्स का वजन 3 कि.ग्रा. से घटकर मात्र 300 ग्राम रह गया था) पैरों से 3 कि.ग्रा. घसीटने के स्थान पर अब वे आसानी से चल-फिर सकते थे। उनके माता-पिता की आंखों में आंसू छलक आए थे। वह मेरा चौथा आशीर्वाद था।

- यहां मीडिया इतना नकारात्मक क्यों है?
- हम अपनी स्वयं की ताकत, अपनी उपलब्धियों को पहचानने में, उन पर भरोसा करने में इतने हिचकते क्यों हैं?
- हमारा देश एक महान राष्ट्र है। सफलता की अनेक आश्चर्यजनक उपलब्धियां हमसे जुड़ी हुई हैं। फिर हम उन्हें नकार देते हैं। क्यों?
- हम संसार में गेहूं के दूसरे सबसे बड़े उत्पादक हैं।
- हम दूसरे सबसे बड़े चावल उत्पादक हैं।
- दुग्ध उत्पादन में हम प्रथम हैं।
- दूरसंवेदी उपग्रहों के मामले में हम प्रथम हैं।

डॉ. सुदर्शन को देखिए, उन्होंने जनजातीय गांव को आत्मनिर्भर और स्वपोषित इकाई बना दिया है।

ऐसी लाखों उपलब्धियां हैं, लेकिन हमारा मीडिया केवल भद्दी खबरों, असफलताओं और विध्वंसों से ही मनोग्रस्त है। तेल अबीब में प्रवास के दौरान मैं इजराइल का अखबार पढ़ रहा था। पिछले दिनों ही वहां अनेक हमले, बमबारी और मौतें हुई थीं। 'हमास' आतंकित था। लेकिन अखबार के मुखपृष्ठ पर एक यहूदी की तस्वीर छपी थी, जिसने अपनी रेगिस्तानी भूमि को 5 वर्षों में हरे-भरे और उपजाऊ क्षेत्र में बदल दिया था। यह वह प्रेरक तस्वीर थी, जो प्रत्येक को उत्प्रेरित कर सकती थी। मारकाट, बमबारी, मृत्यु आदि का हिंसात्मक विवरण; अंदर के पृष्ठों पर अन्य खबरों के नीचे दबा था।

भारत में हम केवल मृत्यु, बीमारी, गरीबी, आतंक और अपराध के बारे में पढ़ते हैं।

हम इतने नकारात्मक क्यों हैं?

एक और प्रश्न : हम, एक राष्ट्र के रूप में विदेशी वस्तुओं के प्रति इतने मनोग्रस्त क्यों हैं? हमें विदेशी टी.वी. चाहिए, हमें विदेशी कमीजें चाहिए।

हम विदेशी तकनीकी की मांग करते हैं। आयातित वस्तुओं के प्रति इतनी मनोग्रस्तता क्यों है, क्या हम नहीं समझते कि आत्मविश्वास से ही आत्मसम्मान पैदा होता है?

जब मैं हैदराबाद में यह व्याख्यान दे रहा था, एक 14 वर्षीय बालिका ने मेरे ऑटोग्राफ मांगे। मैंने उससे पूछा कि उसके जीवन का लक्ष्य क्या है? उसने जवाब दिया- 'मैं विकसित भारत में रहना चाहती हूं।'

उसके लिए, आप और मैं मिलकर विकसित भारत का निर्माण करेंगे।

आपको यह प्रमाणित करना है।

आपको सच्चाई से यह स्वीकार करना है : भारत कोई अविकसित राष्ट्र नहीं है; यह एक उच्च विकसित राष्ट्र है।'

22. अविस्मरणीय प्रसंग

डॉ. अब्दुल कलाम भारतीय इतिहास के ऐसे पुरुष हैं, जिनसे लाखों लोग प्रेरणा ग्रहण करते हैं। निःसन्देह उनके जैसे व्यक्तित्व का भारत की धरती पर जन्म लेना भारतवासियों के लिए गौरव की बात है। आइए, उनके जीवन के कुछ प्रेरणास्पद घटनाओं से प्रेरणा लेते हुए इनसे मिलने वाली सीख हम भी अपने जीवन में उतारने का प्रयास करते हुए अपने जीवन को सार्थक बनाने की कोशिश करें।

- बचपन में कलाम को लंबे पंखों वाली समुदी चिड़िया की उड़ान बहुत आकर्षित करती थी। एक दिन उनके पांचवीं कक्षा के शिक्षक श्री शिवसुब्रमण्यम अय्यर अपने व्याख्यान में पढ़ा रहे थे कि पक्षी कैसे उड़ते हैं... और उन्होंने यह दृश्य रामेश्वरम के समुद्र तट पर जीवंत उदाहरण से दिखाया। यह एक अविस्मरणीय अवसर था।
- जब डॉ. कलाम सेंट जोसेफ कॉलेज में पढ़ते थे तो उनके साथ होस्टल में उनके कमरे में दो लड़के और रहते थे। एक श्रीरंगम के रूढ़िवादी आयंगर परिवार से था और दूसरा केरल का सीरियाई ईसाई था। वे लोग हमेशा साथ रहते थे और उनका समय बहुत ही अच्छा कटता था। कॉलेज के तीसरे साल में डॉ. कलाम को होस्टल में शाकाहारी मेस का सचिव बना दिया गया। एक रविवार उन तीनों ने कॉलेज के प्रमुख फादर कलाथिल को दोपहर के भोज पर आमंत्रित किया। भोज में शामिल व्यंजनों में वे चीजें भी शामिल थीं, जो पारंपरिक रूप से कलाम और उनके साथियों के परिवारों में बनाई जाती थी। इसका नतीजा न सिर्फ अप्रत्याशित रहा, बल्कि फादर कलाथिल ने डॉ. कलाम की कोशिशों की भूरी-भूरी प्रशंसा की। उन्होंने सभी छात्रों से बेहद आत्मीयता भरा व्यवहार किया और बहुत ही आनंददायक क्षण गुजारे। यह डॉ. कलाम

और अन्य सभी छात्रों के लिए एक यादगार घटना थी।

- एक बार डॉ. कलाम को मद्रास से रामेश्वरम जाना था। वहां जाने के लिए उनके पास टिकट खरीदने के लिए भी पैसे नहीं थे। मद्रास में मोर मार्केट के नाम से एक मशहूर बाजार था, वहां एक कोने में बनी दुकान में पुस्तकों को खरीदा और बेचा जाता था। चूंकि कलाम पुस्तक पढ़ने के शौकीन थे, तो अकसर वे उस दुकान में पुस्तक खरीदने जाते रहते थे। इस क्रम में दुकान के मालिक से उनकी मित्रता हो गयी थी। कलाम पैसों का इंतजाम करने के लिए अपनी एक पुस्तक लेकर बेचने गए। कलाम के पुस्तक प्रेम से वाकिफ दुकानदार उनकी मन:स्थिति को देखकर समझ गया कि वह उस पुस्तक को बेचना नहीं चाहते, लेकिन किसी मजबूरी में बेच रहे हैं। उसने सरल भाव से कलाम को सुझाव दिया कि–'वह अपनी पुस्तक उनके पास गिरवी रखकर चले जाएं। बदले में वह उन्हें उस पुस्तक की पूरी कीमत देगा। जब उनके पास पैसे हों, तब पैसे चुकाकर पुस्तक ले जाना।' उसने कलाम से यह भी वादा किया कि–'वह पुस्तक नहीं बेचेगा।' इस तरह से कलाम अपने घर से भी लौटकर आ गए और वह पुस्तक भी वापस आ गई।
- जब डॉ. कलाम डी.आर.डी.ओ. में थे, तब उन्हें एक कॉलेज इवेन्ट के लिए बतौर मुख्य अतिथि निमंत्रित किया गया था। लेकिन डॉ. कलाम रात में ही वेन्यू का चक्कर लगाने पहुंच गए, वहां जाकर उन्होंने कहा कि वह कठिन परिश्रम करने वाले मेहनती लोगों से मिलना चाहते थे, इसलिए इस वक्त आ गए। यह था कलाम का काम के प्रति समर्पण का नतीजा।
- डॉ. कलाम का पशु–पक्षियों से प्रेम जगजाहिर था। कलाम को हमेशा ही पक्षियों की उड़ान अपनी ओर आकर्षित करती रहती थी। एक बार कलाम डी.आर.डी.ओ. के साथ एक भवन निर्माण परियोजना पर काम कर रहे थे। उसी दौरान कलाम ने अपनी टीम से पूछा कि इस भवन की सुरक्षा सुनिश्चित करने के लिए क्या करेंगे। तभी टीम के एक सदस्य ने अपनी राय देते हुए कहा–'हम भवन की दीवारों पर टूटा हुआ कांच लगा सकते हैं।' इस पर कलाम ने तुरंत जवाब दिया–'यदि हम दीवार पर टूटा हुआ कांच लगा देंगे तो दीवार पर पक्षी नहीं बैठ पाएंगे। कुछ और तरकीब निकालो।'
- 1980 में एस.एल.वी.–3 से 'रोहिणी' नामक रॉकेट को सफलता पूर्वक लांच किया गया था। डॉ. कलाम एस.एल.वी.–3 के परियोजना निदेशक

थे। इसरो के प्रमुख डॉ. सतीश धवन ने उन्हें संदेश भेजा कि प्रधानमंत्री इंदिरा गांधी की उपस्थिति में एक बधाई समारोह आयोजित किया गया है। अतः तुम तुरन्त दिल्ली के लिए रवाना हो जाओ। तब उन्होंने झिझकते हुए डॉ. धवन को बताया कि मेरे पास कोई सूट-बूट नहीं है। मैं पैंट-शर्ट और चप्पल में कैसे जाऊं? इस पर डॉ. सतीश धवन ने कहा कि-'कलाम! तुमने विजय का परिधान पहन रखा है। तुमको चिंता करने की जरूरत नहीं है।'

- जब डॉ. कलाम बतौर वैज्ञानिक काम करते थे तो एक बार उनकी टीम के एक सदस्य ने घर जल्दी जाने की अनुमति मांगी ताकि वो अपने बच्चों को एक प्रदर्शनी में ले जा सकें। लेकिन व्यस्तता के कारण वह यह बात भूल गया। शाम को अपने भूलने की बात पर शर्मिन्दा होता हुआ जब वह थोड़ी देर से घर पहुंचा तो पता चला कि डॉ. कलाम बच्चों को प्रदर्शनी दिखाने ले गए हैं।
- 2013 में सैन डिएगो, कैलिफोर्निया में 'अंतर्राष्ट्रीय अंतरिक्ष विकास सम्मेलन' के दौरान आयोजित रात्रिभोज समारोह में कछ भारतीय छात्र कलाम से मिलने पहुंचे। उस समय कलाम खाना खा रहे थे। छात्रों को देख कलाम ने फौरन उन छात्रों को अपनी प्लेट से खाना खाने का निमंत्रण दिया। कलाम का ऐसा सहज व्यवहार देख वहां मौजूद छात्र हैरान थे। कलाम के बार-बार कहने पर एक छात्र ने कलाम की प्लेट में रखी सलाद में से पालक का एक पत्ता उठा लिया, जो उसकी बाकी की ज़िंदगी के लिए 'प्रेरणास्पद पत्ती' बन गई।
- 'एकीकृत निर्देशित मिसाइल कार्यक्रम (जी.एन.डी.पी.) की योजना पर पुनः काम करने का निर्देश मिलने के बाद डॉ. कलाम और उनके सहयोगी डॉ. अरुणाचलम मिसाइल निर्माण की रूपरेखा, मसलन-डिजाइन, निर्माण, प्रणाली-एकीकृत, प्रायोगिक उड़ानें, मूल्यांकन, उपयोगितापरक परीक्षणों को समयानुरूप करने, गुणवत्ता विश्वसनीयता तथा वित्तीय-व्यवस्था का हिसाब-किताब करने में रात भर व्यस्त रहे। सुबह नाश्ते की मेज पर कलाम को याद आया कि उसी शाम उन्हें रामेश्वरम में अपनी पुत्री समान भतीजी जमीला की शादी में शामिल होना है; लेकिन उस समय तक, कुछ भी करने के लिए काफी देर हो चुकी थी। यदि बैठक के बाद दिन में मद्रास की उड़ान पकड़ते, तो भी वहां से रामेश्वरम पहुंचना संभव नहीं था। इस

अपराध बोध की टीस ने डॉ. कलाम के उत्साह को ठंडा कर दिया। जमीला की शादी में शरीक न होने पाने का विचार बेहद तकलीफदेह था।

बैठक में नए प्रस्ताव से रक्षा मंत्री आर. वेंकटरमन बेहद प्रभावित हुए, जो डॉ. कलाम और डॉ. अरुणाचलम की मेहनत से एक रात-भर में ही व्यापक नतीजों वाले समग्र कार्यक्रम की कार्य योजना में तब्दील हो गया था। उन्होंने पूरे प्रस्ताव को मंजूरी दे दी। बैठक खत्म होने के बाद डॉ. अरुणाचलम, रक्षा मंत्री से बात करने लगे। कुछ देर बाद डॉ. अरुणाचलम ने डॉ. कलाम को बताया कि रक्षा मंत्री ने उनके लिए मद्रास से मदुरै ले जाने के लिए वायुसेना के हेलीकॉप्टर का इंतजाम कर दिया है। यह उनकी कड़ी मेहनत का पुरस्कार है।

एक घंटे बाद कलाम इंडियन एयरलाइंस की नियमित उड़ान पकड़कर नई दिल्ली से मद्रास निकल गए। मद्रास हवाई अड्डे पर भारतीय वायुसेना का हेलीकॉप्टर उनके आने का इंतजार कर रहा था। वहां से वे मदुरै पहुंचे तो वहां के वायुसेना आधार शिविर के कमांडेंट उन्हें रेलवे स्टेशन लेकर आए और रामेश्वरम की ट्रेन में चढ़ा दिया। इस तरह कलाम वक्त रहते जमीला की शादी में पहुंच गए और अपनी पुत्री समान भतीजी को पिता का प्यार भरा आशीर्वाद दिया।

- एक बार डॉ. कलाम पोलियो से प्रभावित व्यक्तियों के लिए हल्का भार उठा पाने की प्रतिक्रिया (FRO'S) पर चिकित्सकों के साथ प्रयोग कर रहे थे। प्रयोग के दौरान जब बच्चों ने दौड़ना, चलना और पैडल मारकर साइकिल चलाना आरम्भ किया तो उनकी गतिशीलता देखकर उनके माता-पिता की आंखें भर आईं। उन सबके चेहरे की प्रसन्नता से डॉ. कलाम को बेहद प्रसन्नता हुई। उस पल को डॉ. कलाम अपने जीवन का सबसे अधिक खुशी का दिन मानते थे।
- एक बार छटी कक्षा के एक छात्र ने कलाम की किताब 'विंग्स ऑफ फायर' पढ़ने के बाद अब्दुल कलाम की एक तस्वीर बनाई। उस तस्वीर को देख उस छात्र का परिवार काफी खुश हुआ और उन्होंने वह तस्वीर तत्कालीन राष्ट्रपति कलाम को भेजने की सोची। थोड़ा सोच-विचार करने के पश्चात् उन्होंने वह तस्वीर कलाम को भेज दी। उसके बाद जो हुआ, उसकी कल्पना शायद ही किसी ने की थी। कुछ दिन बाद उस छात्र को कलाम की ओर से एक पत्र मिला, जिसमें लिखा था-'आपके द्वारा बनाई

इस खूबसूरत तस्वीर के लिए शुक्रिया।' यह दिल छू लेने वाली बात उनके उदार व्यक्तित्व के एक और पहलू को दिखाती है।

- वर्ष 1990 के फरवरी माह में डॉ. कलाम मदुरै कामराज विश्वविद्यालय के दीक्षांत समारोह में भाषण देने के लिए गए। मदुरै पहुंचकर उन्होंने अपने हाई स्कूल के शिक्षक इयादुरई सोलोमन के बारे में पता किया तो ज्ञात हुआ कि 80 वर्षीय सोलोमन मदुरै के बाहर एक छोटी बस्ती में रहते हैं। कलाम ने टैक्सी ली और उनके घर की तलाश में निकल पड़े। सोलोमन को यह तो पता था कि उस दिन कलाम दीक्षांत भाषण देने जा रहे हैं, किन्तु उनके पास वहां पहुंचने का कोई जरिया नहीं था। कलाम को अपने घर पर आया देखकर उनकी आंखें भर आई। कलाम उन्हें अपने साथ दीक्षांत समारोह में ले गए। गुरु एवं शिष्य के बीच यह एक भावनात्मक मिलन था। तमिलनाडु के राज्यपाल डॉ. पी.सी. अलेक्जेंडर, जो इस दीक्षांत समारोह की अध्यक्षता कर रहे थे, ने कलाम के वृद्ध गुरु का मान रखते हुए उन्हें मंच पर ही बैठने की जगह दी।
- राष्ट्रपति बनने के कुछ समय बाद कलाम को एक कार्यक्रम में शरीक होने के लिए किरल राज भवन, त्रिवेंद्रम जाना था। उन्हें अपनी तरफ से राष्ट्रपति के मेहमान के रूप में किन्हीं दो लोगों को बुलाने का अधिकार था। और जानतें हैं उन्होंने किसे बुलाया? उन्होंने एक मोची को और एक छोटे से होटल के मालिक को आमंत्रित किया। दरअसल डॉ. कलाम बतौर वैज्ञानिक काफी समय तक त्रिवेन्द्रम में रहे थे और तभी से वे इन लोगों को जानते थे। उन्होंने किसी नेता या सेलीब्रिटी को बुलाने की बजाय इन आम लोगों को महत्ता दी। ऐसी मिसाल शायद ही कोई और राष्ट्रपति कायम कर सके।
- राष्ट्रपति भवन में बायो डायवर्सिटी पार्क का निर्माण भी डॉ. कलाम के कार्यकाल में ही हुआ था। जिसमें बहुत से पक्षियों और पशुओं की प्रजातियां लाई गई थी। मछलियों के लिए तालाब, खरगोश के खोह, बत्तखों के घर और पक्षियों के ठिकाने से यह पार्क प्रकृति प्रेम का अद्‌भुत स्थल बन गया था। एक बार डॉ. कलाम अपने मित्र डॉ. सुधीर के साथ टहलने निकले, तभी एक नन्हीं हिरनी रास्ते में देखी, जिसे उसकी मां ने त्याग दिया था। वह ठीक से चल भी नहीं पा रही थी, क्योंकि उसकी दो टांगे जन्म से ही चोटिल थी। डॉ. सुधीर के इलाज से वह कुछ दिनों बाद ठीक हो गई

और कुछ हफ्तों बाद हिरनों के झुण्ड ने उसे अपना लिया। डॉ. कलाम इस घटना से बहुत अभिभूत हुए थे।

- डॉ. कलाम ने बतौर राष्ट्रपति जब अपना कार्यकाल राष्ट्रपति भवन से शुरू किया, तब वह अपने साथ दो सूटकेस लेकर आए थे और अपना कार्यकाल पूरा होने के बाद वापस भी उन्हीं दो सूटकेस के साथ गए। एक बार किसी ने उन दो सूटकेस के बारे में पूछते हुए सवाल कर लिया कि आखिर उन दो सूटकेसों में क्या था? इस पर कलाम ने कहा था-'अगर मैं कहीं एक-दो दिन के लिए जा रहा हूं, तो इससे मेरी दो दिन की जरूरतें पूरी हो जाती है। इसमें मेरे दो दिन के कपड़े, एक नई प्रकाशित पुस्तक, मेरा टेप-रिकॉर्डर और कभी-कभी मेरा लैपटाप भी होता है।'
- भारत के राष्ट्रपति पद पर आसीन होने के पश्चात् भी उनकी जीवन शैली सादगीपूर्ण, साधारण और आम आदमियों वाली रही। राष्ट्रपति बनने के पश्चात् सरकार उनकी सारी जरूरतों का ध्यान रखती है तथा (पद से हटने के बाद भी)। इसलिए डॉ. कलाम ने अपनी सारी बचत PURA (Providing Urban Amenities In Rural Areas) के उत्थान के लिए दान कर दी।
- एक बार डॉ. कलाम को आईआईटी वाराणसी की कॉन्वोकेशन सेरेमनी में बतौर मुख्य अतिथि बुलाया गया। वहां कुल पांच कुर्सियां लगाई गई थी, जिनमें से एक कुर्सी कलाम के लिए थी व अन्य विश्वविद्यालयों के अधिकारियों के लिए थी। कुछ देर बाद कलाम ने नोटिस किया कि पांचों कुर्सियों में से एक कुर्सी, जो कि कलाम के लिए रखी गई, वह बाकी कुर्सियों से ऊंची थी। कलाम ने बड़े ही प्रेमपूर्वक वहां के कुलपति से कहा-'आप मेरी बजाय इस कुर्सी पर बैठ जाएं।' कुलपति के मना करने पर कलाम के लिए तुरंत एक सामान्य कुर्सी का इंतजाम किया गया।
- एक बार झारखण्ड यात्रा के दौरान हवाई यात्रा करते समय कुछ व्यवधान स्वरूप अचानक डॉ. कलाम का हेलीकॉप्टर क्षतिग्रस्त होकर धरती पर गिर गया और टूट गया। इसके बावजूद डॉ. कलाम, उनके सहयोगी और पायलट दैवीय कृपा से कुशलतापूर्वक बच गए। इस गंभीर घटना के बाद डॉ. कलाम ने सहमे पायलटों से तुरन्त हाथ मिलाकर उनका शुक्रिया अदा किया और आश्वस्त करते हुए कहा-'हवाई मशीनों के साथ कभी-कभार ऐसा हो जाता है और पायलट होने के नाते उन्हें बहादुरी से इस घटना को

लेना चाहिए।' यह डॉ. कलाम के व्यक्तित्व की महानता और सहृदयता ही थी कि इस सहमा देने वाली दुर्घटना और काल के गाल से बाल-बाल बचने पर भी डॉ. कलाम पूर्णतः संतुलित और सामान्य रहे।

- एक बार डॉ. कलाम जब स्कूल के बच्चों को लेक्चर दे रहे थे, तभी बिजली में कुछ गड़बड़ी हो गयी, जिससे माइक बंद हो गया। डॉ. कलाम उठे और सीधे बच्चों के बीच चले गए और उन्हें घेर कर खड़े हो जाने के लिए कहा। फिर उन्होंने लगभग 400 बच्चों के साथ बिना माइक के संवाद किया।
- डॉ. कलाम को हिन्दी भाषा से बहुत लगाव था। सन् 2002 में संसद भवन के बालयोगी सभागृह में विश्वनाथ प्रताप सिंह की कविताओं का पाठ आयोजित हुआ था। उस समारोह में चार भूतपूर्व प्रधानमंत्री-खुद विश्वनाथ प्रताप सिंह, चंद्रशेखर, एच.डी. देवगौड़ा और आई.के. गुजराल एक साथ एक मंच पर मौजूद थे। राष्ट्रपति कलाम उस कार्यक्रम में विशिष्ट अतिथि थे। कार्यक्रम हिन्दी में था। विश्वनाथ प्रताप सिंह ने अपनी कविताएं सुनाई और सारे वक्ताओं ने हिन्दी में अपना भाषण दिया, जिसे कलाम बेहद संजीदगी से सुनते और समझते रहे। फिर उन्होंने विश्वनाथ प्रताप सिंह की कविताओं पर बहुत अच्छा भाषण दिया। वहां उपस्थित तमाम लोग हैरान थे कि एक अहिन्दी भाषी कैसे इतनी रुचि के साथ कवि गोष्ठी में ना केवल सक्रियता के साथ भाग लेता है, बल्कि हिन्दी में आयोजित इस कार्यक्रम को श्रेष्ठ करार देकर ऐसे और कार्यक्रम के आयोजन की वकालत करता है।
- महात्मा गांधी की तरह डॉ. कलाम भी धर्म-निरपेक्षता में विश्वास रखते थे। एक बार पांचवीं कक्षा में पढ़ने वाले अब्दुल को उनके अध्यापक ने एक जनेऊ पहनने वाले ब्राह्मण बालक के पास से उठाकर दूसरे स्थान पर बिठा दिया था। यह देखकर उनके ब्राह्मण मित्र रामानन्द शास्त्री को बहुत बुरा लगा। जब रामानन्द शास्त्री के पिता को यह बात ज्ञात हुई तो उन्होंने उस शिक्षक को घर बुलाकर उनके इस व्यवहार की घोर भर्त्सना की तथा भविष्य में उन्हें इस प्रकार का भेदभाव बरतने से मना किया। इस बात का अब्दुल के अवचेतन मन पर गहरा प्रभाव पड़ा और उनके हृदय में धर्म-निरपेक्षता के भाव उत्पन्न हो गए।

23. बच्चों के प्यारे कलाम सर

डॉ. कलाम के राष्ट्रपति बनने से पहले के वैज्ञानिक जीवन और राष्ट्रपति के बाद राजशाही जीवन में कोई अंतर नहीं दिखा। सामाजिक मुद्दों पर बात करना उन्हें अच्छा लगता था। इसलिए राष्ट्रपति भवन में प्रायः स्कूली बच्चों के अतिरिक्त अध्यापक, वैज्ञानिक, डॉक्टर, समाजसेवी, इंजीनियरों तथा किसानों की भीड़ देखी जा सकती थी। राष्ट्रपति भवन से निकलने के बाद कलाम का व्यक्तित्व, एक अनुभवी बुजुर्ग की भूमिका में सामाजिक जीवन में वापस आकर एक शिक्षक, जीवन-दर्शन के व्याख्याता और अराजनीतिक राजनेता के रूप में लोकप्रिय हुआ।

विनम्र हृदय वाले डॉ. कलाम के मन में बच्चों के लिए अथाह प्रेम था। उनका मानना था कि बच्चे ऊर्जा के अनंत स्रोत हैं। बच्चे प्रकृति की अनुपम देन हैं, वे प्रकृति से जुड़े होते हैं। अपनी निश्छल आशाओं, विश्वास और कल्पनाओं के साथ अनंत ऊर्जा का प्रवाह करते हैं।

डॉ. कलाम की दिली ख्वाहिश रहती थी कि वे बच्चों के बीच जाएं और उन्हीं की तरह सरल एवं सहज बनकर उनसे बात करें। न कोई औपचारिकता हो और न कोई बंधन। डॉ. कलाम कहते थे- 'बचपन में जब मैं अपने पिताजी से प्रश्न करता था, तो वे बड़े सहज और सरल भाव से मेरे हर प्रश्न का जवाब देते थे। पिताजी के साथ बिताए वह पल मेरे लिए खास हैं और उनके साथ मिले अनुभव की वजह से ही मैं आज बच्चों के उत्तर सरलता से दे पाता हूं।'

अपने कार्यक्रम में डॉ. कलाम लाखों बच्चों से मिले। जब भी वे कहीं बाहर जाते, उनके कार्यक्रम में बच्चों से मिलने का एक कार्यक्रम अवश्य होता था। उनकी उपस्थिति बच्चों में एक नई उमंग का संचार कर दिया करती थी। वे बच्चों की प्राकृतिक ऊर्जा के रहस्य को भली-भांति समझते थे। बच्चों से घिरे डॉ. कलाम का एक ऐसा चेहरा नज़र आता था, जो स्वयं की मुस्कान संग लाखों-करोड़ों बच्चों के लिए खुशियों का पैगाम होता था। उनसे पहले

329 एकड़ में फैला राष्ट्रपति भवन आम आदमी के लिए एक तिलिस्म जैसा ही रहा था, पर कलाम ने अपनी तरफ से इसका दरवाजा खोले रखने की कोशिश की और उसके माहौल को औपचारिकताओं से बोझिल नहीं रहने दिया। उनके कार्यकाल में राष्ट्रपति भवन साधारण लोगों के आगमन और बच्चों की खिलखिलाहट से गूंजता रहा।

डॉ. कलाम मानते थे कि वैज्ञानिक कैरियर, पद एवं पुरस्कार सब कुछ बच्चों के आगे गौण है। वे सभी अभिभावकों को यही संदेश देते कि बच्चों की जिज्ञासा को एवं उनके बालसुलभ सरल एवं सहज प्रश्नों का उत्तर देने का हर संभव प्रयास करना चाहिए।

एक बार एक व्यक्ति ने उनसे पूछा कि –'आप इतने बड़े वैज्ञानिक हैं तथा राष्ट्रपति जैसे गरिमावान पद पर आसीन होते हुए बच्चों के लिए इतना समय कैसे निकाल लेते हैं? ऐसा क्या मिलता है आपको उनसे?' डॉ. कलाम ने उनसे कहा– 'बच्चों के स्तर पर उत्तर कर मेरे मन में नई–नई उमंगें हिलोरे लेने लगती हैं। दुनिया का कोई भी काम मुझे मुश्किल नहीं लगता। मेरे हौसले आसमान छूने लगते हैं। बच्चों से बातें करके, उनकी आंखों में आंखें डालकर उनके भावों के साथ एकाग्रता स्थापित करते ही, तन–मन में एक अद्‌भुत ऊर्जा का संचार होने लगता है।'

इसी तरह एक बार एक बच्चे ने उनसे पूछा– 'सर! क्या आप प्रश्नों के रूप में बच्चों द्वारा दागी गई मिसाइल से डरते हैं?' डॉ. कलाम ने उत्तर दिया– 'मिसाइल मेरे जीवन का एक महत्त्वपूर्ण हिस्सा है। मैं प्रश्नों की मिसाइल से तनिक भी नहीं डरता। बच्चे जब प्रश्न पूछते हैं, तो मुझे खुशी होती है। आप सबके प्रश्न तो सच्चाइयों का आभास कराते हैं और संदेश देते हैं कि हम जीवन की सच्चाइयों से भागे नहीं, बल्कि उनका जमकर मुकाबला करें।'

डॉ. कलाम प्रत्येक सप्ताह घंटों देश के बच्चों के साथ उनके भविष्य के विषय में सोचते हुए तथा उनके द्वारा विचारणीय विषयों पर चर्चा करते हुए व्यतीत करते थे। सैकड़ों बच्चे उन्हें प्रतिदिन पत्र लिखते और वो सभी पत्रों का जवाब देने का प्रयास करते थे। विभिन्न जगहों पर बच्चों से मुलाकात के दौरान बच्चे डॉ. कलाम से प्रश्न पूछा करते थे। बच्चों द्वारा पूछे गए कुछ महत्त्वपूर्ण प्रश्नों की चर्चा, हमने इस अध्याय में किया है–

देवेश रंजन, एन.आई.सी. संस्थान, नई दिल्ली

प्रश्न– कृपया मुझे बतलाइए कि दुनिया का सबसे पहला वैज्ञानिक कौन है?

डॉ. कलाम का उत्तर –विज्ञान जन्म लेता है, और जीता है केवल प्रश्नों द्वारा... विज्ञान की पूरी आधारशिला प्रश्न करना ही है। जैसा कि माता–पिता

और अध्यापकगण अच्छी तरह जानते हैं, बच्चे कभी भी न समाप्त होने वाले प्रश्नों के स्रोत हैं, इसलिए बच्चा सबसे पहला वैज्ञानिक है।

हर्ष चांडक, कक्षा 7वीं, डॉ. राधाकृष्णन विद्यालय, मुम्बई

प्रश्न- आप प्रतिवर्ष बहादुरी का पुरस्कार देते हैं। 'साहस की' आपकी परिभाषा क्या है?

डॉ. कलाम का उत्तर- स्वयं की सुरक्षा की परवाह न करते हुए, दूसरों को विपत्ति से बचाना साहस है।

भूमि जोशी, कक्षा 11वीं, इंस्टीट्यूशन कोटक

प्रश्न- 'भाग्य की कृपा' कितनी आवश्यक है?

डॉ. कलाम का उत्तर- कठिन परिश्रम पहले आता है... भाग्य तुम्हारा साथ देगा, जब तुम कठिन परिश्रम से लगे रहोगे... एक प्रसिद्ध कहावत है- 'ईश्वर उन्हीं की मदद करते हैं, जो स्वयं की मदद करता है।' एक अन्य कहावत यह भी है कि रातों-रात सफल बनने के लिए कई वर्षों तक कठिन परिश्रम करना पड़ता है।

बी. इशिता, कक्षा 11वीं, सेंट बेस्ड स्कूल, चेन्नई

प्रश्न- विज्ञान और गणित के विभिन्न सूत्र याद रखने के पीछे क्या रहस्य है?

डॉ. कलाम का उत्तर- स्थिर भाव से बार-बार पुनरावृत्ति मतलब बार-बार अभ्यास के द्वारा कोई भी विज्ञान और गणित के सूत्र याद रख सकता है।

अभिलाष वर्मा, कक्षा 8वीं, पुलिस मॉडर्न स्कूल, एटावा

प्रश्न- आप हमारे आदर्श व्यक्ति हैं, एक अच्छा इंसान बनने के लिए हमें कुछ सुझाव दीजिए।

डॉ. कलाम का उत्तर- कठिन परिश्रम तथा आध्यात्मिक के साथ-साथ संयुक्त वैज्ञानिक व्यवहार तुम्हें एक अच्छा इंसान बनाएगा... बस दूसरों से अच्छाई प्राप्त करने का प्रयास करो।

डॉ. कलाम अकसर कहते थे कि- 'सपने वे नहीं होते, जो नींद में देखते हैं; सपने वो होते हैं, जो नींद न आने दें।' एक बार एक बच्चे ने उनसे पूछा कि- 'सर! मैने आपकी 'अग्नि की उड़ान' पुस्तक पढ़ी, आप हमेशा सपने की बात क्यों करते हैं?' तो जवाब में डॉ. कलाम ने उत्तर देते हुए कहा कि- 'पहले तुम तीन बार स्वप्न स्वप्न स्वप्न बोलो। तुम पाओगे कि स्वप्न ही विचार बनते हैं और विचार कर्म के रूप में बाहर आते हैं। स्वप्न नहीं होंगे तो क्रांतिकारी विचारों का भी जन्म नहीं होगा।'

असम में तेजपुर विश्वविद्यालय के दीक्षांत समारोह के दौरान उन्होंने

जब स्कूली बच्चों से सम्पर्क किया तो वहां एक बच्चे ने डॉ. कलाम से एक ऐसा सवाल किया, जिसका संबंध विशुद्ध राजनीति से था। उस बच्चे का प्रश्न था कि प्रायः बाढ़ से उफनती ब्रह्मपुत्र नदी का पानी राजस्थान अथवा तमिलनाडु जैसे पानी की कमी वाले राज्यों में क्यों नहीं पहुंचाया जा सकता? इस बच्चे का प्रश्न डॉ. कलाम को बहुत कठिन लगा। उन्होंने बाद में स्वीकारा कि वह प्रश्न इतना कठिन था कि प्रधानमंत्री भी शायद ही इसका जवाब दे पाते। चूंकि इस मुद्दे पर उन अबोध बच्चों को समझाना कठिन था, इसलिए उन्होंने केवल इतना ही कहा कि– 'नदियां राज्यों का विषय होती हैं। राजनीतिक हस्तक्षेप के कारण राज्य अपने नदी के जल को लेकर परस्पर लड़ते-झगड़ते रहते हैं।'

सचमुच जमीन का बंटवारा करने वाले लोग यह नहीं जानते कि हवा और पानी का बंटवारा नहीं हो सकता। इसलिए उन्होंने उन बच्चों को केवल इतना कहकर संतुष्ट किया कि– 'इंडिया विजन 2020 में आप सबसे यह अपेक्षा की गई है कि आप सब बड़े होकर विभिन्न राज्यों की नदियों को आपस में जोड़ने का महान कार्य करें। जब सारी नदियां आपस में जुड़ जाएंगी तो पानी के बंटवारे का झगड़ा भी समाप्त हो जाएगा।' कुछ बच्चों ने शिकायत की कि उनके राज्य में बड़े नेता क्यों नहीं आते? डॉ. कलाम ने उन बच्चों को यह कहकर आश्वस्त किया कि दिल्ली पहुंचते ही वे प्रधानमंत्री से इस बारे में बात करेंगे।

कहने की आवश्यकता नहीं कि डॉ. अब्दुल कलाम का यात्रा वृत्तांत भारत के अनेक पहलुओं को छूता हुआ तो चलता ही था, साथ ही यहां की व्यापक सच्चाइयों से भी रूबरू करवाता है। बच्चों की निष्पक्ष सोच और उनकी जिज्ञासा ही एक सशक्त भारत का निर्माण कर सकती है। यदि ये सच्चाइयां देश और समाज में आज के संदर्भ में पनप रहीं कुछ प्रमुख बुराइयां दर्ज करवाती हैं,तो विकासशील अभिव्यक्ति की रूपरेखा भी स्पष्ट करती हैं।

डॉ. कलाम कहते थे– 'व्यक्ति परिवार और समाज के केन्द्र में सबसे महत्त्वपूर्ण ईकाई बच्चे हैं। बच्चों को केन्द्र में रखकर सोचने पर हमारी सोच सकारात्मक हो जाती है। हम उन गुनाहों को करने में झिझकते हैं, जिनके कारण बच्चों के जीवन तबाह हो जाते हैं।'

निस्संदेह राष्ट्रपति बनने के बाद और राष्ट्रपति भवन से निकलने के बाद भी डॉ. कलाम का व्यक्तित्व, चरित्र और जीवन दर्शन एक जैसा ही रहा। वैज्ञानिक और दार्शनिक सोच वाले इन राष्ट्रपति की कल्पना विराट भविष्य की भांति खड़ी दिखती है। तभी तो उनके समक्ष खड़ा व्यक्ति भी तरोताजा हो जाता

था और उनकी जुबान से निकला हुआ मामूली-सा वाक्य भी एक युगव्यापी कथन बन गया।

झारखण्ड राज्य बनने के बाद जब डॉ. अब्दुल कलाम बोकारो स्थित रामकृष्ण हाई स्कूल पहुंचे तो बच्चों की भीड़ ने उन्हें घेर लिया। बातचीत के क्रम में एक छात्र ने उनसे पूछा-'सर! झारखण्ड के चारों ओर हरियाली ही हरियाली है। यहां पहाड़ हैं, घने वन हैं, झरने हैं। लेकिन राजस्थान ऊसर है, ऐसा क्यों?'

हालांकि प्राकृतिक दृष्टिकोण से इस सवाल के जवाब में भी पेचीदगी थी, इसलिए डॉ. कलाम ने इसका संतुलित जवाब देते हुए कहा- 'बच्चों! क्या तुम जानते हो, आज से 20 वर्ष पहले राजस्थान में खेती करना उतना सरल नहीं था, जितना आज है? ऐसा किस प्रकार संभव हुआ? वहां इंदिरा गांधी नामक नहर बनाई गई और इस तरह आज राजस्थान की भूमि अनेक स्थानों पर उपजाऊ हो चुकी है। आगे और भी उन्नति होगी, जिसे आप जैसे बच्चे ही करेंगे।'

'सर! क्या आपका रॉकेट (अग्नि मिसाइल) अमेरिका पहुंच सकता है?' किसी बच्चे के इस प्रश्न के जवाब में डॉ. कलाम ने मुस्कराते हुए कहा- 'अमेरिका हमारा मित्र है और अग्नि हमारी ताकत की प्रतीक है। हमारा लक्ष्य किसी देश के साथ शक्ति प्रदर्शन करना नहीं है, बल्कि अपनी सुरक्षा करना है।'

इसी प्रकार गुजरात में एक समारोह के दौरान स्कूली बच्चों की भीड़ में से एक प्रज्ञावान बच्चे ने डॉ. कलाम से अनायास ही पूछ लिया-'सर! हमारा दुश्मन कौन है?' डॉ. कलाम ने जवाब दिया- 'सवाल बहुत अच्छा तो था, किन्तु अपने आप में गम्भीरता भी समेटे हुए था। मैंने अन्य बच्चों से इसका जवाब तलाशने को कहा, जिससे इस बीच मैं भी जवाब तलाश सकूं। तभी एक छोटी-सी बच्ची ने दार्शनिक अंदाज में इसका उत्तर देते हुए कहा- 'हमारा सबसे बड़ा दुश्मन गरीबी है।' स्पष्ट है कि बच्चे के जवाब में एक अर्थ छिपा था, जो कहीं-न-कहीं भारत में बेरोजगारी के अर्थ को ध्वनित करता है।'

'मुझे यह बताएं कि पाकिस्तान के हथियार अधिक ताकतवर हैं या भारत के?' एक तार्किक बच्चे द्वारा पूछे गए इस प्रश्न के जवाब में डॉ. कलाम ने उसे समझाने के दृष्टिकोण से कहा- 'भारत सभी प्रकार के परमाणु हथियार बनाने में सक्षम है। हमारे पास वह सबकुछ है, जो होना चाहिए। रॉकेट या मिसाइल जो कुछ भी हमारे पास है, वह हमारे देश की शक्ति है। हमें यह कभी नहीं

भूलना चाहिए कि ताकत ही ताकत का सम्मान करती है न कि कमजोरी। हमारी इस ताकत का अर्थ देश के सैन्य बल और आर्थिक सम्पन्नता से है, न कि किसी अन्य देश के समक्ष शक्ति प्रदर्शन से।'

देश की यात्रा के दौरान डॉ. अब्दुल कलाम ने यह तो जान लिया था कि आज के बच्चे भारत के इतिहास और भविष्य के प्रति इतने जिज्ञासु हैं कि वे उन्हें भविष्य के 'साक्षी' के रूप में देखना पसन्द करते हैं। स्पष्ट है कि बच्चों द्वारा एक राष्ट्रपति से पूछे गए इस प्रकार के प्रश्नों से ही एक मजबूत, सशक्त और सुंदर भारत का निर्माण हो सकता है।

गोरखपुर विश्वविद्यालय के कुलपति ने जब उन्हें अपने यहां दीक्षांत समारोह में पधारने का अनुरोध किया तो वे सहर्ष तैयार हो गए। वहां उन्होंने शिक्षकों तथा विद्यार्थियों से सीधा संवाद किया। साथ ही प्रदेश के सुव्यवस्थित विकास पर भी अनेक महत्त्वपूर्ण बातें कीं।

अपने संबोधन में राष्ट्रपति ने उत्तर प्रदेश से वही भूमिका पुनः निभाने का अनुरोध किया, जो उसने भारत के विकास के लिए 1857 के स्वाधीनता संग्राम की अगुवाई करते हुए निभाई थी। उन्होंने 'विजन 2020' तथा विकास दर को दोगुना करने के लिए 5 ऐसे क्षेत्रों के बारे में बताया, जिनमें एकीकृत कार्य प्रणाली से लेकर अन्य पर्याप्त संसाधन हैं।

उन्होंने कृषि क्षेत्र को प्रधानता देते हुए कहा कि हमें कृषि और खाद प्रसंस्करण को बढ़ावा देने के लिए काफी कुछ करने की आवश्यकता है। बिजली की आपूर्ति लगातार बनी रहे, इसके लिए हमें बिजली को नई तकनीक से और भी परिष्कृत करने की आवश्यकता है। कृषि और बिजली के बाद शिक्षा के क्षेत्र में भारत निरंतर विकास की दिशा में अग्रसर है।

शिक्षा द्वारा देश का विकास संभव है, इसलिए अधिक-से-अधिक लोगों को साक्षर करने की दिशा में काम चल रहा है। केरल तथा तमिलनाडु में जनसंख्या दर में गिरावट का मुख्य कारण साक्षरता का विकास है। इसे अन्य राज्यों में भी सफलतापूर्वक दोहराने की आवश्यकता है।

सूचना प्रौद्योगिकी के बारे में डॉ. कलाम का मानना था कि भारत इस दिशा में निरंतर प्रगति की दिशा में आगे बढ़ रहा है। यदि परमाणु, अंतरिक्ष तथा रक्षा प्रौद्योगिकी आदि उपलब्धियों को भी मिला दिया जाए तो हम प्रगति की दिशा में निरंतर अग्रसर हैं।

दीक्षांत समारोह में उन्होंने 'विजन 2020' तथा विकास दर को दोगुना करने जैसे आह्वानों के अतिरिक्त विद्यार्थियों द्वारा पूछे गए अनेक प्रश्नों के उत्तर भी दिए। सीधे-सरल इन महान राष्ट्रपति ने यहां भी विद्यार्थियों से तीन अपेक्षाएं

रखीं, जिनमें पहली अपेक्षा रविवार (या अवकाश के दिन) को गांवों में जाकर निरक्षरों को पढ़ाने पर बल देना था, तो दूसरी अपेक्षा अपनी शिक्षा में श्रेष्ठता प्राप्त करने की। तीसरी सबसे महत्त्वपूर्ण बात उन्होंने कही कि प्रत्येक व्यक्ति को चाहिए कि वह अपने सम्पूर्ण जीवन में कम-से-कम 5 पेड़ लगाएं।

एक प्रश्न के उत्तर में उन्होंने माता, पिता तथा प्राथमिक शिक्षकों को भ्रष्टाचार के विरुद्ध लड़ाई का अस्त्र भी बताया।

बच्चों को जीवन की धुरी मानने वाले डॉ. कलाम का जीवन अनुभवों की पुस्तकालय है, जिससे हम सब आज भी लाभान्वित हो रहे हैं। बच्चों को सफल भारत का भविष्य मानने वाले बच्चों की कल्पनाओं को नित नई ऊंचाई देने वाले ऊर्जावान कलाम साहब सिर्फ भारतीय समाज के लिए ही नहीं, अपितु सम्पूर्ण मानव समाज के लिए एक अनमोल विरासत है।

कलाम ने बच्चों से कहा था कि भ्रष्टाचार को खत्म करने की शुरुआत अपने घर से करें। फेल यानी फर्स्ट अटेम्प्ट इन लर्निंग। एंड यानी एफर्ट नेवर डाइज।

24. डॉ. कलाम के दर्शन सिद्धान्त

डॉ. ए.पी.जे. अब्दुल कलाम सादा जीवन, उच्च विचार तथा कड़ी मेहनत के उद्देश्य को मानने वाले वो महापुरुष थे, जिन्होंने सभी उद्देश्यों को अपने जीवन में निरंतर जिया भी है। प्रारम्भिक जीवन में अभाव के बावजूद वे किस तरह राष्ट्रपति के पद पर पहुंचे, यह बात हम सभी के लिए प्रेरणास्पद है। उनकी सादगी, शालीनता और सौम्यता किसी महापुरुष से कम नहीं थी।

डॉ. कलाम के दर्शन सिद्धान्त बेहद प्रभावशाली हैं। यहां प्रस्तुत है उनके 11 सिद्धान्त-

1. फूलों को देखो, किस तरह से ये अपनी खुशबू तथा शहद शुद्ध भाव से दूसरों को देते हैं। जब इनका काम समाप्त हो जाता है, ये शांत भाव से गिर जाते हैं। अपने जीवन को एक फूल की तरह जीना सीखो और बिना किसी भाव के अपने जीवन को दूसरों के लिए समर्पित कर दो।
2. किसी के जीवन में उजाला लाओ।
3. दूसरों का आशीर्वाद प्राप्त करो, माता-पिता की सेवा करो, बड़ों तथा शिक्षकों का आदर करो और अपने देश से प्रेम करो, इनके बिना जीवन अर्थहीन है।
4. देना सबसे उच्च एवं श्रेष्ठ गुण है, परन्तु उसे पूर्णता देने के लिए उसके साथ क्षमा भी होनी चाहिए।
5. कम-से-कम दो गरीब बच्चों को आत्मनिर्भर बनाने के लिए उनकी शिक्षा में मदद करो।
6. सरलता और परिश्रम का मार्ग अपनाओ, जो सफलता का एक मात्र रास्ता है।

7. सपने देखना बेहद जरूरी है, लेकिन सपने देखकर उसे हासिल नहीं किया जा सकता। सबसे ज्यादा जरूरी है ज़िंदगी में खुद के लिए कोई लक्ष्य तय करना।

8. हमें मुस्कराहट का परिधान जरूर पहनना चाहिए तथा उसे सुरक्षित रखने के लिए हमारी आत्मा को गुणों का परिधान पहनाना चाहिए।

9. समय, धैर्य तथा प्रकृति सभी प्रकार की पीड़ाओं को दूर करने और सभी प्रकार के जख़्मों को भरने वाले बेहतर चिकित्सक हैं।

10. अपने जीवन में उच्चतम एवं श्रेष्ठ लक्ष्य रखो और उसे प्राप्त करो।

11. प्रत्येक क्षण रचनात्मकता का क्षण है, उसे व्यर्थ मत करो।

25. अलविदा कलाम

27 जुलाई, 2015 के दिन दोपहर 12.00 बजे दिल्ली से गुवाहाटी की हवाई यात्रा आरंभ करते समय किसे पता था कि यह डॉ. कलाम की आखिरी जीवन यात्रा है। उन्हें शिलांग के आई.आई.एम. संस्थान में विषय-'रहने योग्य ग्रह' पर व्याख्यान देने के लिए आमंत्रित किया गया था। उनके साथ उनके निजी सचिव सृजन पाल भी थे। उस दिन मौसम खराब था, फिर भी ढाई घंटे का सफर पूरा करने के बाद वे गुवाहाटी पहुंच गए थे। वहां से उन्हें कार द्वारा आई.आई.एम. संस्थान, शिलांग पहुंचने में और ढाई घंटे लगे। इस 5 घंटे के सफर में सृजन से उनकी कई मुद्दों पर चर्चा हुई। उसी दिन सुबह पंजाब में बीएसएफ के काफिले पर आतंकवादी हमला हुआ था, जिसमें दो जवान बहादुरी से आतंकवादियों का सामना करते हुए वीरगति को प्राप्त हुए थे। कलाम पंजाब में हुए आतंकी हमले से बेहद आहत थे।

व्याख्यान कक्ष पहुंचने के बाद सृजन ने तुरंत उनका माइक सेट किया, व्याख्यान के बारे में थोड़ा संक्षिप्त विवरण दिया और कंप्यूटर संभाल लिया। फिर उन्होंने बोलना शुरू किया-'इस धरती को कैसे सुंदर बनाया जाए' यह वाक्य बोलते ही वे जमीन पर गिर पड़े। सभी लोगों ने उन्हें दौड़कर उठाया, डॉ. दौड़ता हुआ आया और उन्हें तुरंत प्राथमिक उपचार देकर पांच मिनट के अंदर (लगभग 6.30 बजे) नजदीक के बेथानी अस्पताल के आईसीयू में दाखिल करवाया गया। कुछ ही देर बाद डॉक्टरों ने बताया कि मिसाइल मैन ने अब हमेशा के लिए उड़ान भर ली है। अस्पताल के सीईओ जॉन साइलो ने बताया कि जब कलाम को अस्पताल लाया गया, तब उनकी नब्ज और रक्तचाप साथ छोड़ चुके थे। लेकिन दो घंटे बाद उनकी मृत्यु की पुष्टि की गई।

उनकी मौत का समाचार पूरे देश में तीव्रगति से फैल गया। पूरा देश शोक में डूब गया। दो दर्जन किताबों में अपने अनुभव का निचोड़ पेश करने वाले, मगर ट्विटर प्रोफाइल पर खुद को एक 'लर्नर' बताने वाले कलाम को श्रद्धांजलि देने का सिलसिला शुरू हो गया। जिससे उनके प्रति देशवासियों के अगाध प्रेम का जीता-जागता सबूत मिला। एक 83 वर्ष का विलक्षण व्यक्तित्व हमेशा के लिए

अलविदा कह गया। लेकिन अपने प्रेरणादायक विचारों के जरिए वे हमेशा हमारे दिलों में जिंदा रहेंगे।

मृत्यु के तुरंत बाद पूर्व राष्ट्रपति डॉ. कलाम के शरीर को भारतीय वायुसेना के हेलीकॉप्टर द्वारा शिलांग से गुवाहाटी लाया गया। जहां से अगले दिन 28 जुलाई, मंगलवार दोपहर को उनका पार्थिव शरीर वायुसेना के विमान सी-130 सुपर हरक्यूलिस से दिल्ली लाया गया। लगभग 12:15 पर विमान पालम हवाईअड्डे पर उतरा। सुरक्षा बलों ने पूरे राजकीय सम्मान के साथ कलाम के पार्थिव शरीर को विमान से उतारा। वहां प्रधानमंत्री नरेंद्र मोदी, राष्ट्रपति प्रणब मुखर्जी, दिल्ली के मुख्यमंत्री अरविन्द केजरीवाल व तीनों सेनाओं के प्रमुखों ने इसकी अगवानी की और कलाम के पार्थिव शरीर पर पुष्पहार अर्पित किए। भारतीय वायुसेना के 96 वर्षीय एयर मार्शल अर्जन सिंह डॉ. कलाम को श्रद्धांजलि देने के लिए अपने व्हील चेयर से उठ खड़े हुए और पूर्व राष्ट्रपति के पार्थिव शरीर को पुष्पांजलि अर्पित की। इसके बाद तिरंगे में लिपटे डॉ. कलाम के पार्थिव शरीर को पूरे सम्मान के साथ, एक गन कैरिज में रख उनके आवास 10, राजाजी मार्ग पर ले जाया गया। यहां पूर्व प्रधानमंत्री डॉ. मनमोहन सिंह, कांग्रेस अध्यक्ष सोनिया गांधी, राहुल गांधी और उत्तर प्रदेश के मुख्यमंत्री अखिलेश यादव सहित अनेक गणमान्य लोगों ने इन्हें श्रद्धांजलि दी। भारत सरकार ने पूर्व राष्ट्रपति के निधन के मौके पर उनके सम्मान के रूप में 7 दिवसीय राजकीय शोक की घोषणा की।

29 जुलाई की सुबह वायुसेना के विमान सी-130 सुपर हरक्यूलिस से भारतीय ध्वज में लिपटे कलाम के शरीर को पालम एयरबेस पर ले जाया गया, जहां से उन्हें मदुरै भेजा गया। विमान दोपहर तक मदुरै हवाई अड्डे पर पहुंचा। जहां उनके शरीर को तीनों सेनाओं के प्रमुखों, राष्ट्रीय व राज्य के गणमान्य व्यक्तियों, रक्षा मंत्री मनोहर पर्रीकर, वेंकैया नायडू, पान राधाकृष्णन, तमिलनाडु और मेघालय के राज्यपाल के. रोसैया और वी. षणमुखनाथन ने हवाई अड्डे पर प्राप्त किया। एक संक्षिप्त समारोह के बाद डॉ. कलाम के शरीर को वायुसेना के हेलीकॉप्टर से मंडपम भेजा गया। मंडपम से कलाम के शरीर को उनके गृहनगर रामेश्वरम एक आर्मी ट्रक में भेजा गया। अंतिम श्रद्धांजलि देने के लिए उनके शरीर को स्थानीय बस स्टेशन के सामने एक खुले क्षेत्र में प्रदर्शित किया गया ताकि जनता उन्हें आखिरी श्रद्धांजलि दे सकें।

30 जुलाई, 2015 को पूर्व डॉ. राष्ट्रपति को पूरे सम्मान के साथ रामेश्वरम के पी. करूम्बु ग्राउंड में धरती मां की गोद में सुला दिया गया। प्रधानमंत्री मोदी, तमिलनाडु के राज्यपाल, कर्नाटक, केरल और आंध्र प्रदेश के मुख्यमंत्रियों सहित साढ़े तीन लाख से अधिक लोग अंतिम संस्कार में शामिल हुए।

26. श्रद्धा सुमन

डॉ. कलाम के निधन से शोकाकुल देश में नागरिकों ने, नेताओं ने, महत्त्वपूर्ण हस्तियों और सोशल साइटों ने अपने-अपने तरीके से कलाम को अपनी श्रद्धांजलि अर्पित की। भारत सरकार ने कलाम को सम्मान देने के लिए 7 दिवसीय राजकीय शोक की घोषणा की। राष्ट्रपति प्रणब मुखर्जी, उपराष्ट्रपति हामिद अंसारी, गृहमंत्री राजनाथ सिंह और अन्य नेताओं ने पूर्व राष्ट्रपति के निधन पर शोक व्यक्त किया।

प्रधानमंत्री नरेंद्र मोदी ने कहा-'उनका निधन वैज्ञानिक समुदाय के लिए एक बड़ी क्षति है। वह भारत को महान ऊंचाइयों पर ले गए। उन्होंने हमें मार्ग दिखाया।'

पूर्व प्रधानमंत्री मनमोहन सिंह, जिन्होंने कलाम के साथ प्रधानमंत्री के रूप में सेवा की थी, ने कहा-'उनकी मृत्यु से हमारे देश ने एक महान मनुष्य को खोया है, जिसने हमारे देश की रक्षा प्रोद्यौगिकी में आत्मनिर्भरता को बढ़ावा देने के लिए अभूतपूर्व योगदान दिया है। मैंने प्रधानमंत्री के रूप में डॉ. कलाम के साथ बहुत निकटता से काम किया है। मुझे हमारे देश के राष्ट्रपति के रूप में उनकी सलाह से लाभ हुआ। उनका जीवन और काम, आने वाली पीढ़ियों तक याद किया जाएगा।'

दलाई लामा ने कलाम की मौत को 'एक अपूरणीय क्षति' बताते हुए अपना दु:ख व्यक्त करते हुए कहा-'अनेक वर्षों में मुझे कई अवसरों पर कलाम के साथ बातचीत करने का मौका मिला। वह एक महान वैज्ञानिक, शिक्षाविद और राजनेता ही नहीं, बल्कि वे एक वास्तविक सज्जन थे, और हमेशा मैने उनकी सादगी और विनम्रता की प्रशंसा की है। मैंने सामान्य हितों के विषयों की एक विस्तृत श्रृंखला पर हमारी चर्चाओं का आनंद लिया, लेकिन विज्ञान, अध्यात्म और शिक्षा के साथ मुख्य रूप से हमारे बीच चिंतन किया जाता था।'

दक्षिण एशियाई नेताओं ने भी अपनी संवेदनाएं व्यक्त की और दिवंगत राष्ट्रपति की सराहना की। भूटान सरकार ने कलाम की मौत के शौक के लिए अपने देश के झंडे को आधी ऊंचाई पर फहराने के लिए आदेश दिया और श्रद्धांजलि में 1000 मक्खन के दीपक भेंट किए। भूटान के प्रधानमंत्री शेरिंग तोबगे ने कलाम के प्रति अपना गहरा दुःख प्रकट करते हुए कहा-'वे एक महान नेता थे, जिनकी सभी ने प्रशंसा की। विशेषकर भारत के युवाओं के वे प्रशंसनीय नेता थे, जो उन्हें 'जनता का राष्ट्रपति' बुलाते थे।'

बांग्लादेश की प्रधानमंत्री शेख हसीना ने उनके बारे में कहा-'एक महान राजनेता, प्रशंसित वैज्ञानिक और दक्षिण एशिया के युवा पीढ़ी के लिए प्रेरणा स्रोत रहे डॉ. कलाम की मृत्यु भारत के लिए अपूरणीय क्षति से भी परे है। भारत के सबसे प्रसिद्ध बेटे, पूर्व राष्ट्रपति के निधन पर हमें गहरा झटका लगा है। डॉ. ए.पी.जे. अब्दुल कलाम अपने समय के सबसे महान ज्ञानियों में से एक थे। वह बांग्लादेश में भी बहुत सम्मानित थे। उनकी विज्ञान और प्रौद्योगिकी के क्षेत्र में भारत की वृद्धि करने के लिए अमूल्य योगदान के लिए वे सभी के द्वारा हमेशा याद किए जाएंगे। वे दक्षिण एशिया की युवा पीढ़ी के लिए प्रेरणा का स्रोत थे, जो उनके सपनों को पंख देते थे।'

बांग्लादेश नेशनलिस्ट पार्टी की प्रमुख खालिदा जिया ने कहा-'एक परमाणु वैज्ञानिक के रूप में, उन्होंने लोगों के कल्याण में स्वयं को समर्पित किया।'

अफगानिस्तान के राष्ट्रपति अशरफ गनी ने कलाम को 'लाखों लोगों के लिए एक प्रेरणादायक शख्सियत' बताया और कहा-'हमें उनके जीवन से बहुत कुछ सीखना है।'

नेपाल के प्रधानमंत्री सुशील कोइराला ने भारत के लिए कलाम के वैज्ञानिक योगदानों को याद किया और कहा- 'नेपाल ने एक अच्छा दोस्त और मैंने एक सम्मानित व आदर्श व्यक्तित्व को खो दिया।'

श्रीलंका के राष्ट्रपति मैत्रिपाल सिरिसेना ने कहा-'डॉ. कलाम दृढ़ विश्वास और अदम्य भावना के आदमी थे। मैंने उन्हें दुनिया के एक उत्कृष्ट राजनेता के रूप में देखा था। उनकी मौत भारत के लिए, बल्कि पूरी दुनिया के लिए अपूरणीय क्षति है।'

पाकिस्तान के राष्ट्रपति ममनून हुसैन और प्रधानमंत्री नवाज शरीफ, इंडोनेशियाई राष्ट्रपति सुसीलो बम्बनग युधोयोनो, मलेशिया के प्रधानमंत्री नजीब रजाक, सिंगापुर के प्रधानमंत्री ली सियन लूंग, संयुक्त अरब अमीरात के राष्ट्रपति शेख खलीफा बिन जायद अल नहयान, सहित अन्य अंतर्राष्ट्रीय नेताओं, संयुक्त अरब अमीरात के राष्ट्रपति और दुबई के शासकों ने भी कलाम के निधन पर उनके प्रति दुःख, शोक व संवेदना व्यक्त की।

रूसी राष्ट्रपति ब्लादिमीर पुतिन ने भारत सरकार, भारत के सभी लोगों के लिए और मृतक नेता के प्रियजनों के लिए अपनी गंभीर संवेदना व्यक्ति की और अपनी सहानुभूति और समर्थन से अवगत कराते हुए कहा-'डॉ. कलाम को हमारे देशों के बीच लगातार मैत्रीपूर्ण संबंधों के एक प्रतिपादक के रूप में याद किया जाएगा, उन्होंने भारत की राष्ट्रीय सुरक्षा को सुनिश्चित करने में सामाजिक, आर्थिक, वैज्ञानिक और तकनीकी प्रगति के लिए व्यक्तिगत योगदान दिया। उन्होंने पारस्परिक रूप से लाभप्रद रूसी-भारतीय सहयोग जोड़ने के लिए बहुत कुछ किया।'

संयुक्त राज्य अमेरिका के राष्ट्रपति बराक ओबामा ने कहा-'अमेरिकी लोगों की ओर से मैं, पूर्व भारतीय राष्ट्रपति डॉ. ए.पी.जे. अब्दुल कलाम के निधन पर भारत के लोगों के लिए अपनी गहरी संवेदना प्रकट करता हूं। एक वैज्ञानिक और राजनेता, डॉ. कलाम ने अपनी विनम्रता से घर में व विदेशों में सम्मान कमाया तथा भारत के सबसे महान नेताओं में से एक बने। भारत-अमेरिका के मजबूत संबंधों के लिए डॉ. कलाम ने सदा वकालत की। 1962 में संयुक्त राज्य अमेरिका की यात्रा के दौरान नासा के साथ अंतरिक्ष सहयोग को गहरा करने के लिए काम किया। भारत के 11वें राष्ट्रपति के रूप में इनके कार्यकाल के दौरान अमेरिका-भारत संबंधों में अभूतपूर्व वृद्धि देखी गई। उपयुक्त रूप से नामित 'पीपुल्स प्रेसिडेंट' (जनता के राष्ट्रपति) ने सार्वजनिक सेवा, विनम्रता और समर्पण से दुनिया भर के लाखों भारतीयों और प्रशंसकों को एक प्रेरणा प्रदान की।'

इसके अलावा 15 अक्टूबर, 2015 को डॉ. कलाम की 84वीं जयंती पर प्रधानमंत्री नरेंद्र मोदी ने डी.आर.डी.ओ. मुख्यालय में पूर्व राष्ट्रपति की प्रतिमा का अनावरण किया। इस अवसर पर डॉ. अब्दुल कलाम की याद में एक डाक टिकट भी जारी किया गया। प्रधानमंत्री ने डी.आर.डी.ओ. के वैज्ञानिकों से कहा-'डॉ. कलाम की तरह ही हमें हमेशा नई-नई खोज करते रहना चाहिए। ऐसी खोज, जो ना केवल रक्षा क्षेत्र से जुड़ी हो, बल्कि आम लोगों की ज़िंदगी को बेहतर बना सकें। डॉ. कलाम की कमी को भरना चुनौती है। उनका जीवन एक बच्चे की तरह ही बेहद सहज और सरल था। एक वैज्ञानिक से उलट उनका जीवन हर पल जीवंत और मुस्कराता रहता था। वह अपनी ज़िंदगी में मौकों की बजाए चुनौतियों को तलाशते थे और जो भी चुनौती उन्होंने ली, उसे वे एक संकल्प की तरह पूरा करते थे।' इस समारोह में रक्षा मंत्री मनोहर पार्रिकर, शहरी विकास मंत्री वैंकेया नायडू, संचार मंत्री रविशंकर प्रसाद और विज्ञान व तकनीकी मंत्री डॉ. हर्षवर्द्धन भी मौजूद थे।

भारत रत्न डॉ. अब्दुल कलाम 2002 में राष्ट्रपति बनने से पहले 1992-1997 तक डी.आर.डी.ओ. के डीजी के पद पर तैनात थे। वे भारत के मिसाइल सिस्टम आईजीएमडीपी (इंटीग्रेटेड गाइडेड मिसाइल डेवलपमेंट प्रोग्राम) के प्रमुख थे।

सोशल साइट गूगल ने 30 जुलाई, 2015 गुरुवार को अपने होमपेज पर एक काला रिबन प्रदर्शित करते हुए 'मिसाइल मैन' ए.पी.जे. अब्दुल कलाम को अपनी विशेष श्रद्धांजलि अर्पित की। कलाम ने जिस सादगी से अपने जीवन को जिया था, उसी सादगी को दर्शाने के लिए गूगल ने किसी डूडल का इस्तेमाल नहीं करके सर्च टैब के नीचे सिर्फ एक काला रिबन प्रदर्शित किया।

सही मायने में अब देश मिसाइलमैन को सही श्रद्धांजलि देने जा रहा है। भारत और रूस के सहयोग से निर्मित हो रहे हाइपरसोनिक मिसाइल का नाम अब डॉ. कलाम के नाम पर ब्रह्मोस-II (के) होगा; यहां 'के' का मतलब कलाम से है, जिन्होंने भारत के मिसाइल कार्यक्रम को एक नई दिशा दी।

पूर्व राष्ट्रपति डॉ. कलाम का सपना था कि भारत स्वयं अपना हाइपरसोनिक मिसाइल बनाएं। भारत और रूस मिलकर जिस मिसाइल का निर्माण कर रहे हैं, उसकी स्पीड आवाज से 5 गुना तेज होगी यानी कि करीब 6,125 किमी प्रतिघंटा। यह जमीन के अंदर बने बंकर और हथियारों के ढेर को तबाह कर सकने में भी सक्षम है। ब्रह्मोस के सीईओ सुधीर मिश्र कहते हैं कि यह हाइपरसोनिक मिसाइल डॉ. कलाम को सच्ची श्रद्धांजलि होगी।

यहां डॉ. कलाम की लिखी एक कविता उन्हीं को समर्पित है:

'अग्नि में मत ढूंढो
शत्रु को भयग्रस्त करता
शक्ति का स्तंभ कोई।
यह तो है एक आग
दिल में जो सुलगती
हर भारतीय के,
सभ्यता के स्रोत-सी।
एक छोटी सी प्रतिमा है यह
भारत के गौरव की
आभा से प्रदीप्त जो।'

27. उपलब्धियां

- डॉ. अब्दुल कलाम को परियोजना निदेशक के रूप में भारत का पहला स्वदेशी उपग्रह (एस.एल.वी.-3) प्रक्षेपास्त्र बनाने का श्रेय हासिल है।
- जुलाई 1980 में इन्होंने रोहिणी उपग्रह को पृथ्वी की कक्षा के निकट स्थापित किया था।
- डॉ. ए.पी.जे. अब्दुल कलाम ने पोखरण में दूसरी बार न्यूक्लियर विस्फोट भी परमाणु ऊर्जा के साथ मिलाकर किया। इस तरह भारत ने परमाणु हथियार के निर्माण की क्षमता प्राप्त करने में सफलता अर्जित की।
- इसके अलावा डॉ. कलाम ने भारत के विकास स्तर को वर्ष 2020 तक विज्ञान के क्षेत्र में अत्याधुनिक करने के लिए एक विशिष्ट सोच भी प्रदान की।
- उन्हें 'मिसाइल मैन' और 'जनता के राष्ट्रपति' के नाम से जाना जाता है। वे भारतीय गणतंत्र के 11वें निर्वाचित राष्ट्रपति थे। वे भारत के पूर्व राष्ट्रपति, जानेमाने वैज्ञानिक और अभियंता के रूप में विख्यात थे।
- डॉ. कलाम प्रथम वैज्ञानिक थे, जो राष्ट्रपति बने थे और प्रथम राष्ट्रपति थे, जो अविवाहित थे।
- उन्होंने मुख्य रूप से एक वैज्ञानिक और विज्ञान के व्यवस्थापक के रूप में चार दशकों तक रक्षा अनुसंधान एवं विकास संगठन (डी.आर.डी.ओ.) और भारतीय अंतरिक्ष अनुसंधान संगठन (इसरो) संभाला व भारत के नागरिक अंतरिक्ष कार्यक्रम और सैन्य मिसाइल के विकास के प्रयासों में भी शामिल रहे। उन्हें बैलेस्टिक मिसाइल और प्रक्षेपण यान प्रौद्योगिकी के विकास के कार्यों के लिए भारत में 'मिसाइल मैन' के रूप में जाना जाने लगा।
- डॉ. कलाम, राष्ट्रपति सर्वपल्ली राधाकृष्णन तथा डॉ. जाकिर हुसैन के बाद तीसरे ऐसे राष्ट्रपति थे, जिन्हें भारत रत्न का सम्मान राष्ट्रपति बनने से पूर्व ही प्राप्त हुआ था।
- उन्होंने 1974 में भारत द्वारा पहले मूल परमाणु परीक्षण के बाद से दूसरी बार 1998 में भारत के पोखरण-द्वितीय परमाणु परीक्षण में एक निर्णायक,

संगठनात्मक, तकनीकी और राजनैतिक भूमिका निभाई।

- कलाम सत्तारूढ़ भारतीय जनता पार्टी व विपक्षी भारतीय राष्ट्रीय कांग्रेस दोनों के समर्थन के साथ 2002 में भारत के राष्ट्रपति चुने गए। 5 वर्ष की अवधि की सेवा के बाद, वह शिक्षा, लेखन और सार्वजनिक सेवा के अपने नागरिक जीवन में लौट आए। उन्होंने भारत रत्न, भारत के सर्वोच्च नागरिक सम्मान सहित कई प्रतिष्ठित पुरस्कार प्राप्त किए।
- डॉ. कलाम संगीत प्रेमी थे और 'सरस्वती वीणा' तथा 'वेन्नई' (दक्षिण भारतीय स्ट्रिंग वाद्य यंत्र) बजाने में सिद्धहस्त थे।
- डॉ. कलाम ने देश के युवाओं और उनके भविष्य को बेहतर बनाने के लिए इस सम्बन्ध में 'व्हाट कैन आई गिव' पहल की शुरुआत की थी, जिसका उद्देश्य भ्रष्टाचार का सफाया है।
- देश के युवाओं में उनकी लोकप्रियता को देखते हुए उन्हें 2 बार (2003 व 2004) 'एम.टी.वी. यूथ आइकॉन ऑफ द इयर अवार्ड' के लिए भी मनोनीत किया गया था।
- वर्ष 2011 में प्रदर्शित हिन्दी फिल्म 'आई एक कलाम' उनके जीवन से प्रभावित है।
- डॉ. कलाम के 79वें जन्मदिन को संयुक्त राष्ट्र द्वारा विश्व विद्यार्थी दिवस के रूप में मनाया गया था।
- वर्ष 2005 में स्विट्जरलैंड की सरकार ने डॉ. कलाम के स्विट्जरलैंड आगमन के उपलक्ष में 26 मई को विज्ञान दिवस घोषित किया।
- वर्ष 1998 में डॉ. कलाम ने हृदय चिकित्सक सोमा राजू के साथ मिलकर एक कम कीमत का 'कोरोनरी स्टेंट' का ईजाद किया। जिसे 'कलाम-राजू स्टेंट' का नाम दिया गया।
- डॉ. कलाम के प्रयासों का ही परिणाम था कि वर्ष 2004 में राष्ट्रपति भवन के मुगल गार्डन में, लखनऊ के सी.एस.आई.आई. नेशनल बॉटैनिकल रिसर्च इंस्टीट्यूट की तरह स्पर्शनीय उद्यान लगाया गया। फल, फूल, औषधि तथा मसालो के पौधों की क्यारियों पर सूचना पट्टिका के जरिये संबंधित पौधों के बारे में हिन्दी, अंग्रेजी भाषा और ब्रेल लिपि में लिखा है। इसके अलावा वर्ष 2006 में मुगल गार्डन में संगीतमय फव्वारा भी लगाया गया।
- डॉ. कलाम पहले ऐसे राष्ट्रपति रहे हैं, जिनका राजनीति से कभी दूर का भी संबंध नहीं रहा। इन्हें भारत का उपराष्ट्रपति नहीं बनाया गया, सीधे ही राष्ट्रपति बनाए गए।

❍❍❍

www.ingramcontent.com/pod-product-compliance
Ingram Content Group UK Ltd.
Pitfield, Milton Keynes, MK11 3LW, UK
UKHW021658190726
13853UKWH00001B/344

9 789351 659686